JN409438

사람의 향기를 그리며

산과 들에 아무렇게나 흐드러지게 핀 들풀꽃이 만발하다. 바람이 불면 부는 대로 들풀꽃은 인간이 살아가는 방식처럼 출렁출렁 흔들린다.

사람의 향기를 그리며

심은석 지음

발행처 도서출판 국보
발행인 임수홍
편 집 맹신형
디자인 최정숙

2쇄 인쇄 2013년 6월 8일
초판 발행 2013년 4월 13일

발행처 도서출판 국보
주소 서울시 강동구 길동 395-3 2층
전화 02-476-2757~8, 7260 **FAX** 02-476-2759
카페 http://cafe.daum.net/lsh19577
E-mail kbmh11@hanmail.net

값 12,000원

ISBN 978-89-93533-49-1

작가의 말

산과 들에 아무렇게나 흐드러지게 핀 들풀꽃이 만발하다.

바람이 불면 부는 대로 들풀꽃은 인간이 살아가는 방식처럼 출렁 출렁 흔들린다.

간혹 소나기 내리면 온몸을 부르르 떨면서 꽃잎 떨어지기도 한다.

바람보다 먼저 눕고 바람보다 먼저 일어서기도 하지만 비오는 날이면 바짝 고개를 엎드리기도 한다. 들꽃 밭에 서있으면 한군락의 풀 꽃밭에는 다른 종의 잡풀이 좀처럼 끼어들지 못하는 신기한 현상을 발견하게 된다. 각자의 영역 속에 군락을 이루고 외래종을 받아들이지 않는 배타성이 있다. 같은 종끼리의 단일한 군집과 강인한 생명력을 서로가 뽐내고 있었다.

들 풀 같은 배타성이 인간사회에도 존재 하는 것은 아닐까?

우리나라에도 약 26 만 명의 외국인 결혼 이주 여성들이 전국 각지에서 살고 있다. 전국 거주 외국인은 120만 명에 이르지만 불법체류자까지 포함하면 150만 명의 외국인이 한국 땅에서 새로운 삶을 사는 것으로 생각된다.

세종경찰서에서는 지난 6월 15일 다문화가정 외국인 10여명을 초청해서 간담회를 가졌다. 한국에 이주해서 어려운 점이나 지역사회와 가정에서의 갈등과 경찰이 어떤 점을 도와주어야 하는지를 논의 하는 자리였다. 캄포디아에서 오신 깜뽈이라고 불리는 결혼 이주 여성이 대화를 하던 중에 펑펑 눈물을 쏟아 행사장에는 오래도록 긴장과 숙연함이 가득하였다. 이어서 계속된 베트남, 태국, 필리핀 등 나름대로 각국을 대표하는 이주 여성인데 발언 도중에 복받쳐 흐느끼는 것이 너무 마음을 안타깝게 하였다.

경제적인 어려움과 남편의 무관심과 술을 먹으면 폭행과 시어머니의 멸시와 천대, 그리고 하루 종일 농사일을 한다고 하면서 이곳 한국에 일하러 온것인지 행복한 삶을 찾아온 것인지 후회한다는 말도 했다.

다문화 가정을 이해하고 결혼 이주여성의 입장을 헤아려 모두가 안전하고 행복한 치안시책을 펼치려는 계획은 그냥 눈물만 흘리는 자리가 되었다.

하지만 이 행사를 통해 다문화 가정과 결혼 이주 여성의 어려움을 이해하는 계기가 되었다. 일부 다문화 가정들이 주위의 편견과 냉대, 그리고 아들, 딸들이 동네와 학교에서 따돌림을 당하는 현실이 있어 안타까운 마음을 금할 수 없었다. 작금의 저 출산과 고령화로 농촌의 인구가 감소하고 고령자들이 쓸쓸이 농촌을 지키고 있다.

이러한 문제를 해결하기 위한 방안은 다양한 문화의 외국 여성을 결혼이나 이민으로 받아들이는 시책이 필요 하다고 본다. 많은 젊은 농촌 총각들이 평생 결혼하기 힘들고 어렵게 일상을 살아간다는 것은 안타까운 일이 아닌가?

단일민족, 단일 언어를 쓰고 핏줄과 종족, 조상을 소중히 하는 유교적 전통에서 외국 여성과의 결혼을 경원시하고 편견과 따돌림의 눈으로 바라본다면 다문화를 포용하고 글로벌 시대의 한국의 발전과 국격 제고는 어렵지 않을까 생각한다.

따뜻한 눈으로 바라보자. 관심과 배려를 실천하자. 아끼고 진정한 한국인의 한사람으로 받아들이자. 26만 명에 이르는 결혼 이주여성들, 앞으로 그 숫자는 더욱 늘어날 것이다.

지역사회의 따돌림과 편견, 가정폭력이 일상화된 다문화가정이 있다면 경찰이 적극 나서겠다.

세종경찰에서는 다문화 가정, 이주여성들의 국내 정착 지원에 적극 나서고 운전면허 취득, 자녀 돌보기, 법률상담, 가정폭력 등 가정 문제에도 적극 관심을 갖고 실천 할 것이다.

따뜻하고 더불어 사는 사회, 국적과 피부색, 장애에 따라 편견이나 차별이 없는 사회, 사람의 생명과 사람의 가치가 최고로 존중되며 인권과 인간의 존엄이 강물처럼 도도히 흐르는 대한민국을 그려본다.

작가 소감

세종특별 자치시가 17번째 광역 자치단체로 출범한지 9개월이 지났다. 충남 연기군과 공주시 3개면 청원 부강면을 통합하여 서울의 76% 크기의 면적으로 정부청사를 관할하는 세종특별 자치시로 출범하면서 세종경찰도 새롭게 시작했다. 치안현장에서 땅 거미가 지면 죽림리 관사로 돌아와 날개 쭉지 늘어 뜨리고 혼자 있는 시간이 많아졌다. 세종시의 치안 책임자로 근무 한지 1년여가 되었다. 대부분 관내에서 24시간 치안상황을 관리하고 시민들이 잠 들 때까지 잠 못 드는 직원들과 같이 한다는 마음으로 숙소에 대기할 때가 많다. 긴 겨울밤에는 깨어 있는 시간이 많다.

그래서 이것 저것 글을 써 보는 것이 재미있고 활력도 느껴진다. 햇살같은 경찰의 꿈이라는 시집을 낸 후 산문이나 주제가 있는 글들을 써 보고 싶었다. 부끄러운 글들을 세상에 내놓는 것이 어지간한 용기가 아니면 힘들다.

논산에 내려오신 박범신 작가님, 공주에서 문화 예술을 선도하시는 나태주 시인님도 노력하는 시행착오, 시도와 열정이 중요하다고 용기를 주셨다. 벗은 나무는 그늘을 못 만들지만 무성한 여름을 기다리는 마음으로 사람의 향기를 그리고 싶다. 사람사는 이야기, 안전한 치안 인프라, 나의 편지, 따뜻한 마음으로 4개장으로 구성하여 장별로 짧은 생각들이 꽉 차 있다. 대부분 지난 1년간 바쁘게 달려온 경찰서와 치안현장에서 생긴 이야기들이다.

경찰을 민중의 지팡이라 한다. 혹은 세상을 밝히는 촛불이거나 썩지 않게 하는 소금 같은 존재라고도 한다. 세상에 수많은 직업이 각자의 몫으로 서로를 위해 일한다. 누구든지 자신이 하는 일을 자랑스러워 하고 보람을 느낄 것이다. 그래서 더럽거나 위험하거나 어렵거나 모든 직업은 사람이 하기 때문에 가치 있고 숭고한 일이다.

사람이 하는 일이기 때문에 모두가 아름다운 향기를 뿌린다.

그저 살아 있는 것만으로도 찬란한 축복이기에, 날마다 사람의 향기를 그린다. 그래서 날마다 햇살 같은 찬란한 경찰의 꿈을 사람의 향기 속에서 찾는다.

사람 사는 세상은 사람이 가장 중요하다. 사람의 존엄과 생명은 우주와도 바꿀 수 없는 가장 소중한 것이다. 사람이 세상을 만들고 사람이 변해야 세상을 아름답게 할 수 있다.

국민이 행복하고 강대한 대한민국은 사람이 만드는 것이기에 공무원이 잘하고 경찰이 선도해야 한다. 경찰은 사람사이의 갈등과 문제와 불안을 해결하는 직업이다.

사람을 섬기고 사람의 위험과 불편을 해소해 주는 것이 경찰의 사명이다. 사람의 향기를 그리는 경찰은 사람 사는 세상을 만드는 아름다운 예술가가 아닌가?

사람향기 나는 경찰, 사람향기 나는 세상, 사람 향기가 달려가서 대한민국에 사시는 많은 외로운 사람들에게 사람의 향기를 보내주고 싶다.

사람들이 저마다의 예쁜 향기를 만들도록 조언하고 싶다.

사람들이 자유롭게 향기를 품어 내도록 도와주고 싶다.

혹한에 몸을 떨던 목련가지에 하얀 꽃망울이 맺었다. 찬란히 피었다가 어느 날 다 떨어져 버린 목련처럼 뚝뚝 떨어져 버린 삶의 고갯길에서도 자신의 가장 화려했던 빛나는 순간들을 추억해 보도록 도와주어야 한다. 그러다가 다시 짙은 여름이 오면 세상살이 거친 수렁에서 찬란한 연꽃이 필 것이다.

들판에서는 흐드러지게 풀꽃이 피어나고 초록이 지쳐가면 가을처럼 단풍 들 것이다. 다시 겨울 내내 눈길을 걸으며 이제껏 살아오면서 못 다한 사랑을 채워 갈 사람의 향기를 그린다. 그것은 그리움처럼 사랑처럼 따뜻한 마음으로 그려지지 않을까?

사람은 누구든 인연처럼 엮인 제 몫이 있을 것이다. 맑은 영혼을 가진 착한 사람들이 세상을 먼저 떠나가는 것을 지켜본다. 인간이기를 포기한 파렴치한 범죄인들이 더 당당하고 호화로운 세태가 원망스럽기도 하다.

조금이라도 손해라고 생각하면 큰소리치며 인권과 법 규정을 들먹이다가 작은 틈만 보이면 비굴하게 불의 속에 숨어 버리는 사람들을 흔히 만난다. 가끔 경찰관들은 세상이 정의로운지 의심할 때가 있다. 진흙탕에서 향기로운 연꽃을 피워 내듯이 세상이 토해낸 오물을 치우면서도 다른 사람의 향기를 먼저 찾는다.

그래서 깊은 밤에 잠 못 들면서 구석구석 온 밤을 밝히는 경찰이라는 직업을 사랑한다.

또한 제복을 입고 헌신하는 경찰관들이 존중받는 사회를 기다린다. 물질적인 보상이 아니라 국민들의 마음속에 진실로 아름답게 품어 지기를 기대한다.

사람마다 아름다운 향기를 뽐내는 찬란한 봄에 사람속에서 사랑을 찾고 행복을 만든다. 글을 쓰고 읽는 즐거움으로 외로워하지 말아야 한다. 너무나 부족한 글들을 모아 책으로 엮으신 국보문학 임수홍 회장님, 해설을 정성껏 해 주신 김우영 작가님께 감사드린다. 사랑하는 아내와 두 아들에게도 행복을 드린다.

세종 죽림리 봄 꽃 속에서,

심은석 드림.

Contents

1장

사람사는 이야기

2장

안전한 치안 인프라는 사회 자본

Contents

3장

편지속에 사랑을 싣고

4장

따뜻한 마음으로

1장

사람 사는 이야기

1 번 국도를 걸어가는 사람은

민족의 최대 비극인 6 · 25 사변이 일어났던 6월은 호국보훈의 달로 지정되었다. 62년 전 이름 모를 산하에서 조국과 자유를 지키기 위해 산화하신 호국 영령의 넋을 기린다.

세종특별자치시 지역은 대한민국의 1번 국도가 지나고 금강을 끼고 있어 역사적으로도 군사상, 전략상 중요한 지역이었다. 백제 부흥운동이 일어난 곳이 전의면 소재 운주산성일원으로 천오백년 고찰 비암사에서는 매년 망국의 한이 서린 넋들을 추모 하고 있다. 고려시대 대몽 항쟁기에는 금강변에 위치한 연남면 일원에서 몽고군을 맞아 항전했던 연기 대첩의 흔적이 있다.

1950년 6월 25일 기습 남침한 북한 인민군은 서울 수원, 천안, 조치원, 대전, 김천, 대구에 이르는 1번 국도를 주요 남침 전투도로를 따라 주력 부대를 집중 하였다.

그해 7월 11일, 한국전에 최초로 투입된 딘 소장이 지휘하는 미 24사단은 21연대를 조치원 지역에 파견하여 인민군 3, 4사단의 남하를 저지하는 임무를 수행하도록 하였다.

전동면 청람리 개미고개에 방어선을 구축한 21연대는 5일간의 혈전 끝에 젠슨중령을 포함한 517명의 미군들이 그 전투에서 전사하였다. 이들의 희생 덕분에 대전 이남의 방어전 구축이 가능하였고 유엔군의 파견 등 국제적인 공조를 이끌어 내었던 희생으로 평가 되고 있다.

엇그제 7월 11일에는 그때 전사하신 미군 517명을 추모하고 호국의지를 다지는 추모제가 전투 현장에서 있었다. 당시 부대의 전통을 이어받은 미군 평택부대원 등 200여명이 행사를 함께 하였다. 최근 평택 미군기지 주변에서 미 헌병들이 불법을 하지 않은 한국인에게 수갑을 채우고 불법 체포한 사건으로 여론이 좋지 않을 때라 미군들은 어느 때 보다 조심 하는 눈치였다.

이름도 모르는 곳에 자유를 위해 미 본토에서 공수 되어 한국전쟁에 투입되었던 미 24사단 21연대는 현장에서 5일간의 방어전 끝에 전원 전사하였다.

한국전 사상 가장 처절했던 순간을 회상하면서 행사에 참석했던 일부 노병들은 눈시울을 붉히기도 하였다. 어디 자유가 댓가없이 주어지는가?

자유가 공짜인가?

오늘의 대한민국의 발전과 행복한 삶은 이들의 희생 때문에 가능했던 것은 아닌지, 1시간 내내 계속된 추념식에서 대한민국과 미국의 관계를 생각하였다. 그리고 60여 년간 대한민국의 자유를 지키기 위해 이 땅에서 근무하고 있는 주한 미군을 생각해 보았다.

내가 1980년대 말 경찰관을 시작할 때 이 땅은 주한 미군 철수와 국가 보안법 철폐를 요구하는 대학가와 노동계의 시위와 투쟁이 일상처럼 계속 되던 시절이었다.

미군을 주둔군이라 표현하며 철수하라는 극도의 적대감을 드러내던 사람들의 시위를 막았다. 그리고 오늘날처럼 민주주의의 개화를 생각했던 젊은 날의 고뇌가 생각났다. 일부 사상이 편향된 사람들이 6 · 25전쟁의 책임을 남한 정부와 미국에 있다고 하였다.

그들의 억지주장을 들어 주어야 했으며, 시위 현장마다 난무하던 화염병과 쇠파이프를 막아야 하였다. 경찰 기동부대의 소대장으로서 가치관의 회의를 느끼기도 했던 암울했던 시절을 생각해 보았다.

세종특별 자치시 전의면 개미고개에서 최후의 일인까지 분전했던 전사 미군들은 무슨 생각으로 전투 의지를 불태웠던가?

열악한 병력과 전투장비로 오랫동안 방어전을 펼칠 수 없음을 알면서도 미군들은 당시 개미고개 사수의 명령을 지키기 위해 끝까지 싸웠다.

그리고 장렬하게도 전원 전사했다. 남쪽으로 퇴각했다면 살 수 있었지만 불가능한 명령인 줄 알면서도 5일간 분전하며 북한군의 남하를 저지하였다.

이후 24사단 딘 소장이 대전 근방에서 포로로 잡히고 7월 25일경에는 대전을 포기하고 낙동강 전선까지 밀렸다.

전략가들은 이곳 개미고개 전투에서의 5일간 혈전을 벌였던 당시의 방어지연전으로 유엔이 북한군의 침공을 규탄하고 안보리의 결의를 이끌었으며 유엔군이 참전할 수 있는 시간을 벌어주었다고 한다. 시간과의 싸움인 전쟁의 긴박한 순간에는 이곳 전투가 전략적으로 낙동강 방어선 구축에 시간을 벌수 있었다고 한다.

이곳 세종지역은 경부선철도와 1 번국도, 경부, 호남 고속철도가 지나고 있다. 한반도의 중심으로 물류와 교통의 요충지로, 한국전쟁 당시 뿐만 아니라 오늘 날에도 그 중요성이 날로 커지고 있다.

세종지역에는 총리실을 시작으로 9부 2처 2청 36개 기관의 이전을 위해 행정 복합도시 건설이 한창이다. 현재 전체 예산 중에 9조원이 투입되어 35%의 공정을 보이고 있다고 한다.

2014년까지는 대한민국 정부 기능의 약 65%가 세종과 대전 지역으로 이전이 완료 된다고 한다. 이는 군사적으로도 국가 전략적으로도 매우 의미 있는 대 역사라 하지 않을 수 없다.

62년 전에도 흘렀던 금강처럼 4대강 사업으로 풍족해진 수량을 품고서 호수 같은 금강이 오늘도 흘러가고 있다.

이곳을 지키기 위해 산화했던 미군과 한국전 당시 전사 실종된 5만 명의 한국군과 유엔군의 넋을 추모하듯이 금강은 유유히 흐르고 있다. 그분들의 고귀한 명복을 빈다.

개미고개 마루에서 진행된 추모식 내내 오늘날 이 땅의 번영과 평화, 행복은 거저 주어진 것이 아니라는 사실을 다시 한번 생각해 본다.

진정 평화를 원한다면 전쟁을 두려워하지 말라는 교훈, 그리고 자유는 공짜가 아닌 고귀한 피의 댓가라는 것을, 자유는 공짜가 아니다.(Freedom is not free.)

월 5만원 위험수당에 몸 던지는 경찰관 이야기

산과 들이 푸르름에 지쳐 노랗게 물들어 가는 가을이다. 하늘은 높고 바람은 풍요롭다. 가을이 시작되는 초입, 태풍이 할퀸 자리를 복구하는 의무경찰관들의 손놀림이 분주하다.

최근의 강력범죄를 예방하기 위해 전국 경찰은 한 달간 비상근무중이다.

밤낮으로 가능한 모든 경찰과 협력단체, 지역주민들이 함께하는 범죄 예방에 총력전을 진행하고 있다. 치안은 지역 공동체가 함께하는 지역사회 경찰활동이 전 세계적인 흐름이다.

며칠 전 혼신을 다해 근무하던 꽃다운 젊은 경찰관이 교통 순찰 근무 중에 도로상에서 마주오던 대형 화물차에 추돌하여 현장에서 순직하였다. 순찰차에 동승했던 동료경찰 두사람도 중상을 입고 치료중이다.

엊그제 아산경찰서 고 김종익경위의 영결식이 거행된 경찰서 앞마당에서 하늘도 애통한 듯 굵은 빗줄기를 주루룩 흘리고 있었다. 영결식은 경찰악대의 조곡, 묵념, 약력보고, 훈장 및 · 공로장 헌정, 지방청장 조사, 고별사, 종교의식, 유가족 및 참석자 헌화 및 분향, 조총, 고인에 대한 경례 순으로 진행됐다.

고 김종익 경위는 1991년 10월 경찰에 투신, 아산경찰서 염치파출소, 경비작전계, 교통조사계, 배방지구대 등 대민 현장에서 근무 하였다 . 2012년 2월 3일부터 아산경찰서 교통관리계에 근무하면서 맡은 바 직무에 충실했다. 유가족과 어린 자녀, 사랑하는 동료, 지역주민들의 애통한 마음을 뒤로 하고 한 줌 재로 산화 하여 국립묘지에 안장 되었다. 충남경찰청 오천여 전 직원은 근조리본과 조기를 게양하고 충남경찰장으로 국민의 생명과 안전을 지키다가 순직하신 고인을 추모했다. 장례위원장인 청장은 왜 대답이 없느냐고 조사를 하면서 내내 오열하고 흐느꼈다.

저토록 부하직원을 사랑하시는 애통함을 눈물로 말씀하셨다.

어머님이 돌아가셨을 때도 눈물 한번 제대로 울지 못했던 나도 당신의 고통과 안타까운 사연 앞에는 눈물이 흘렀다. 헌신적인 근무로 모범경찰관에 선정되었고 이웃을 사랑하고 경찰을 사랑하던 마흔 다섯이던 고인은 사랑하는 가족과 두 아들, 그리고 경찰을 떠났다.

아산경찰서는 작년 1월에도 새벽에 교통사고를 수습하던 동료경찰이 차에 치어 순직하였다. 대한민국 경찰 67년의 역사에 현재까지 13,000명이 순직하거나 전사하셨다.

공무중 부상자도 매년 증가하고 있다. 2007년 한해 1,413명이던 공상자가 2011년에는 1,867명으로 증가했다. 최근 순직경찰, 부상경찰에 대한 보상이 과거보다는 다소 나아졌지만 미흡하다. 1989년 동의대에서 순직한 경찰, 전경에게 최근에 유족 보상금 1억 2천~ 1억4천만원이 보상되었다. 동의대에서 경찰을 사망시킨 대학생들은 민주화 운동자로 처우 받았는데 순직한 경찰관에 대한 보상이 매우 늦은 감이 있다.

고 김종익 경찰관과 같이 승무했던 2명의 경찰관은 중상을 입고 치료중인데 평생을 사고 후유증으로 고생할지 모른다. 경찰관이 공상을 입으면 병가 6개월, 휴직 3년을 보장하고 그 후에도 직무에 복귀 할 수 없으면 직권 면직이라는 조치가 이루어진다.

8년 전에 예산경찰서 가야지구대에서 검문하던 차량에 치어 다행히 목숨을 건지고 퇴직한 양모 전 순경은 평생을 침대에 누워 투병중이다. 대전보훈병원에서 남은 가족들도 평생 고통 속에서 힘겹게 투병중이다.

미국의 경우 경찰, 소방관은 공공안전봉사자연금법에 따라 순직이나 공상을 입으면 충분히 보상을 받는다. 뉴욕 경찰은 더 이상 경찰관으로 근무할 수 없을 경우에 근무기간에 관계없이 퇴직하면 공상자가 마지막 받은 급여의 75%를 매달 평생 제공하고 있다.

공무수행 중 부상당한 공상자 전부에게는 기존 급여의 100%를 지급한다. 그래서 911 테러당시에 죽음의 공포 속에서도 경찰, 소방관, 구조요원들은 생존자를 구조하기 위해 화염과 잿더미가 무너져 내리는 건물로 진입하였다.

두려움과 공포에 떨며 대피하던 시민들에게 희망을 주고 마지막까지 있을 수 있는 생존자를 구조하기 위해 무너지는 건물로 돌진하였다. 죽을 수 있다는 두려움이 그들에게도 왜 없었겠는가? 사랑하는 부인과 자식들의 얼굴이 눈에 아른 거렸을 것이다. 그 자리를 피하고 싶었을 것이다. 일부 소방관들은 비번으로 퇴근 하였다가도 현장으로 달려가서 기꺼이 목숨을 바쳤다. 소방, 사고 현장의 경찰관 사망자는 411여 명으로 구조임무에 투입되었다가 순직하였다는 기록이다.

그들이 위험속에 뛰어 들 수 있었던 것은 국민의 신뢰와 남겨진 가족들이나 부상후의 확실한 보상도 크게 작용 되었을 것이다.

우리나라는 다른 선진국에 비해 공상 경찰에 대한 보상금과 연금 수준이 낮은 편이라며 각종 범죄와 생명 · 재산을 지키거나 사회질서를 유지하기 위해 활동하던 중 사망하거나 부상을 입은 경찰과 가족에게 적절한 보상이 이뤄져야 한다고 전문가들은 말한다.

공상을 당한 경찰들은 적절한 보상을 받을 수 있도록 제도 개선이 필요하다. 13만 경찰에게 1개뿐인 국립경찰병원은 전국경찰이 이용하기 어렵다. 다른 우수한 종합병원에 비해 의료수준이 낮다는 불만의 목소리도 높다.

경찰은 공무집행 과정에서 난폭, 음주 차량, 취객이나 폭력조직, 흉악범의 위협으로부터 항상 노출돼 있다. 따라서 공상 · 순직 경찰들에 대한 미흡한 보상체계는 치안활동의 위축으로 이어 질 수 있다.

치안인프라는 비용이 아니라 투자다. 이제 대한민국은 선진국으로 도로, 항만, 강, 공항등 막대한 예산을 사회 간접자본에 투자하면서도 경찰력은 2007년보다 762 여명(0.7%) 증원 되었을 뿐이다.

2007년보다 강력 범죄는 18.5 % 증가했고 112 처리건수는 59. 8% 증가했는데 경찰인력은 0.7% 증원에 그쳤다. 24시간 대국민 접점 부서에서 위험을 무릅쓰고 일하는 경찰관의 전체 인원을 이대로 두어야 할까? 그동안 치안보조 인력이던 전투경찰은 폐지되었고 의무경찰도 3년 후면 폐지 될 예정이다.

인력 증원도 절실 하지만 경찰관의 처우 개선과 함께 위험한 사건 사고 현장에서 경찰관이 최선을 다하기를 기대 한다면 순직, 부상을 당해도 국가에서 적절한 보상이 이루어진다는 믿음이 있어야 할 것이다.

최근 부산에서 도주하는 차량에 몸을 던지는 다이 하드 경찰관, 서울에서 달아나는 범인에게 돌진했던 네버다이 여자경찰이 있어 칭찬을 받은 바 있다. 위험을 무릅쓴 경찰관이 순직하거나 다치면 본인만 손해라는 인식이 없도록 남겨진 유가족과 부상으로 병상에서 고통 받는 경찰관들에게 희망과 용기를 주어야 하지 않을까?

대테러, 작전, 교통 등 일부 경찰 위험 부서 근무자는 위험수당을 지급받는데 2만원씩 받다가 2008년부터 5만원을 받는 현실에서 경찰관에게 무한 희생과 헌신, 몸을 돌보지 말고 범죄와 사고 현장에 뛰어 들라고 하는 것은 너무 가혹한 것이 아닐까?

풍요로운 가을인데 허전하다. 동료 경찰관의 빈자리가 허전하고 내가 25년간 봉직한 경찰관으로서의 날들과 처와 처남, 동서와 같이 경찰관으로서 제복을 입었던 날들이 허전하다.

과연 한국은 경찰, 소방관처럼 제복을 입는 사람들에 대한 신뢰와 존경지수가 얼마나 될까? 세종시로 총리실 일부가 이전하였다. 연말까지 12개 기관이 이전 완료 된다. 세종시 치안현장은 많은 분들의 관심과 신뢰를 바탕으로 평온하게 유지되고 있다. 정부청사 주변 공사현장의 과속 덤프, 레미콘 차량들 사이에서 운행하는 교통순찰차들이 너무 위태롭게 보인다. 제발 사건 사고 없기를, 이제 영면하신 고 김송익 경위를 추모하고 명복을 빈다.

세종시 미호천과 금강이 만나는 자전거 길을 달리며

연일 폭염과의 사투, 열대야가 15일째다.

더위를 식히던 올림픽의 환호를 뒤로 하고 엊그제는 세종시 관내 200mm 이상 폭우가 쏟아졌다. 다른 지역은 산사태에 매몰되어 사망하신 분도 있고, 도로가 침수되고 가옥이 무너지는 사고가 있었는데 세종시 지역에는 일부 1번 국도 지하차도의 침수와 부강지역의 비닐 하우스 침수, 전의지역 주택 몇 채 침수된 것 외에는 피해가 없었다.

과연 하늘아래 세종시는 재난 재해에도 안전한 지역이리라. 이젠 제법 선선해진 새벽바람에 새벽잠이 없어진 요즘에는 거의 날마다 자전거를 타고 관사에서 나와 조치원 읍내길을 가로질러 미호천 주변 자전거 길을 달린다. 멀리서 달려오는 멋지고 화려한 자전거를 타고 오는 자전거동호인 매니아도 있고,

이웃 아주머니들이 시장바구니를 매단 정겨운 자전거와도 인사하기도 한다.

이 지역 경찰서장으로서 일과 후의 시간이지만, 뭔가 도움이 되는 일을 해야 하는데 하는 생각을 가졌었다. 아침마다 자전거 길을 달리고 조치원읍내 골목길을 누비는 것도 지역의 안전에 도움이 되거나 하나의 치안활동이 되지 않을까 하고 스스로 만족해 보기도 한다. 자전거를 타고 다니며 문제가 있거나 사고를 보거나 홀로 있는 아동이나 여성분을 보게 되면 범죄의 표적이 되지 않도록 살필 수 있다. 자전거 길은 제주도 올레길처럼 강가 한적한 도로인지라 인적이 드문 현장에는 위험이 상존할 수도 있다.

지역실정을 잘 알아야 경찰인력을 적정하게 활용할 수 있기 때문이고 사람들과도 인사할 수도 있어 좋다. 관내에서 자전거 타는 것은 개인 운동이기도 하지만 하루를 시작하는 즐거움이기도 하다.

지난 6월 20일에는 충남경찰청 청장등 지휘부와 대전 국토관리청장등 지휘부가 합동으로 유성에서 세종보, 첫마을, 합강리까지 4대강 자전거길 점검을 위한 합동 순찰이 있었다.

그리고 엊그제는 소방방재청에서 4대강 유역 1800 km 구간의 자전거길 주요 거점에 119 자전거 순찰 구급대를 구성하여 자전거 사고에 대비한다고 한다.

세종경찰도 세종보에서 합강리일원 등 자전거길 치안 대책을 위한 민경 합동 자전거 순찰대를 만들 계획이다.

2007년도에 대전 둔산과 천안에 자전거 순찰대를 만들어 시내 골목길 치안에 전념했던 경험이 있지만 자전거 길에 대한 치안 대책이 이제는 필요한 시점이라는 생각이다.

제주도 올레길 여성 피살사건처럼 올레길, 솔밭길, 자전거길 등 한적하고 으슥한 도로에는 사고와 범죄의 위험이 도사리고 있기 때문에 이제 경찰력도 적정히 배치할 필요가 있다.

정부는 지난 4월 22일 국토를 종주할 수 있는 633km의 자전거 길을 포함하여 4대강 유역 1,757km 구간의 자전거 길을 완전개통하고 앞으로도 전국 순환 자전거길, 지자체길, 마을단위 순환 자전거길 등 생활교통과 레저를 겸한 녹색교통을 활기차게 추진하는 것으로 알려져 있다.

이처럼 자전거가 국민적 관심을 받기 시작한 것은 지난 1995년 「자전거 이용 활성화에 관한 법률」이 제정되면서 본격화 된 것으로 보인다.

전국 도시들은 다투어 자전거도로를 만들었다. 자전거 타는 사람들도 조금씩 늘어나고 있다. 경북 상주시는 자전거 보급률이 가장 높아서 1인당 0.6대 꼴이다. 학생 2만여 명 중 70%가 자전거로 통학한다.

경주시는 보문관광단지 주변에 35㎞의 자전거 전용도로를 설치했다. 해마다 50만 명이 자전거를 타고 경주의 고적지를 관광한다.

부천시는 74㎞의 자전거 도로를 정비했고 버스나 지하철 정거장에 자전거 보관소를 설치했다. 청주시와 대전시도 횡단보도 턱을 모두 없애고 자전거 전용로를 만들고 타슈라는 대여 자전거를 보급하는 등 학교와 시민단체를 중심으로 자전거 타기 생활화를 추진하고 있다.

제주시는 관광지에 무료로 탈 수 있는 공영 자전거를 배치하여 관광과 연계하고 있다.

선진 각국은 녹색교통으로 자전거 수송 분담률을 높여 가고 있다.

네덜란드 자전거의 교통 분담률은 43%이다. 독일은 26%이고, 일본은 25%이지만 우리나라는 5%미만 수준이다. 자전거 이용을 보다 활성화 하여 환경도 살리고 국민건강도 살리는 것은 어떨까?

자전거는 이제 단순한 레저용이 아니다. 관광, 문화, 생활 그리고 도시교통 속으로까지 자전거의 영역은 조금씩 커지고 있다. 많은 예산을 들여서 자전거 전용도로를 설치하기보다 기존의 인도를 정비하고 연결시켜서 자전거가 다닐 수 있도록 해 주는 것도 좋을 것이다.

경찰에서는 안전한 자전거 운행을 위한 교통사고 예방 대책과 사고관련 제반 위험요소를 정비해 가고 있다. 자전거 길에 대한 안전과 범죄예방 대책도 강구해 가고 있다.

이제 국민소득 2만 달러, 5천만 명 인구라는 20~50클럽 가입국으로 7번째 인정된 잘사는 나라, 선진국 대한민국의 자전거 타기 운동은 보다 활성화 될 것이다. 아침마다 거리 곳곳에서 자전거를 타거나 주요강 유역의 자전거 전용도로에서 레저와 교통수단으로 자전거를 애용하는 시민들이 늘어남을 볼 때마다, 내 조국이 정말로 잘 사는 나라라는 생각을 하게 된다.

맑은 물위에 학들이 노닐고 미호천 천변에는 환한 연꽃이 피어있고 자전거길마다 흐드러지게 핀 들 풀꽃 사이로 생생 달리는 자전거의 행복을 누가 말해 주려나?

느림의 미학이 아니라 심신을 단련하고 맑은 공기를 마시고 명상하면서 끝없는 강물의 흐름을 바라보는 세종시의 자전거 길은 그윽한 아름다움이 아닌가?

국무총리실을 시작으로 정부 부처가 세종시로 이전하였다.

정부청사 앞 국내 최대 인공호수 주변과 금강을 연결하는 자전거 길과 그 주변은 세종시를 대표하는 국제적인 관광지가 되고 행정의 중심이 될 날이 점점 다가오고 있다. 많은 상념속에 한참을 달리다 보면 어느새 밝은 아침 해가 오송역으로 가는 BRT 간선도로 노선의 다리 아취위에 걸린다. 찬란한 햇빛 아래 미호천 강물속에 나날이 발전하는 세종시의 큰 그림이 두 눈에 알알이 들어와 박힌다.

런던 올림픽,
그 화려한 막이 올라

7월 28일 새벽 런던 올림픽이 개막 되었다

주말 새벽부터 TV로 생중계 되는 화면에서 눈을 떼지 못하고 있다.전 세계 204개국 선수들이 17일간 전세계인이 함께하는 축제의 향연을 펼치고 있다. 20년만의 폭서라는 한여름 무더위를 시원하게 해 줄 것이다.

우리나라 255명의 선수단이 100번째로 8만명 수용의 런던 올림픽 주경기장에 입장했다. 1948년 대한민국 정부 수립하기 전

에 출전하여 8 · 15일 정부 수립과 함께 런던의 하늘아래 태극기를 게양했던 64년 전의 감격을 되새기며 한국 선수단이 입장하고 있었다. 26개 종목에 302개의 금메달이 주인을 기다리고 있다. 302번 우승국의 국가가 런던에 울려 퍼질 것이다.

우리시각 새벽 다섯시에 시작된 개막식은 영국의 모든 것을 다 보여 주고 있었다.

1908년, 1948년에 이어 세계최초로 한 도시에서 3번째 올림픽을 개최하는 것이다. 개막식에서는 영국이 낳은 대문호 세익스피어와 1960년대 브리티시 인베이젼으로 대표되는 비틀즈와 산업혁명의 격동하는 영국의 모습을 보여 주고 있었다. 비틀즈는 현실을 받아들이고 세상의 모든 짐을 홀로 짊어지지 말라고 "헤이 주드"를 열창하며 개막식을 축하하고 있었다. 27 톤 규모의 대형 종이 울리며 농경사회를 깨우는 산업혁명의 종이 울렸다.

영국문화의 히트상품을 전 세계에 여과 없이 전해 주고 있었다.

2만명 인구에 불과한 작은 국가와 13억의 중국 등 크고 작은 다양한 나라 선수단이 서로를 얼싸안고 인류 화합과 번영을 기원하는 개막식은 그 자체로 평화와 행복, 화합의 상징이 아닌가.

우리나라는 경제 강국이면서 스포츠 강국이다. 이제 20여 일간 뜨거운 한여름의 한반도를 올림픽의 환호성으로 채울 것이다.

전쟁이 있는 곳에 평화를, 다툼이 있는 곳에 화해를, 아픔이 있는 곳에 치유를, 미움이 있는 곳에 사랑을 심는 평화와 화합의 상징 런던 올림픽이 한 건의 사건 사고 없이 안전하고 풍요롭게 성공하기를 기원 한다.

세계 10,500명의 선수단의 안전과 5만 여명의 각계 인사와 미디어등 모든 사람들이 편리하고 안전하게 올림픽 경기에 참가하고 응원하고 전 세계에 전파되기를 기대한다.

수만 명이 참가하는 올림픽 개막식을 시청하면서 문득, 1986년 아시안 게임과 1988년 서울 올림픽 그리고 2002년 한일 월드컵에서 경비 경호 활동과 선수단 안전을 위한 선수별 일대일 안전 활동을 펼치던 기억이 생각난다. 대규모 국제 행사를 성공적으로 개최 한다는 것은 경기장과 선수단의 안전과 더불어 모든 분야의 입체적인 지원과 협력이 절대적으로 필요하다.

서울 올림픽은 당시 북한이 KAL기 폭파사건을 일으키는 등 테러 위협이 고조되고 있었고, 2002년 월드컵 때는 연평도 서해 해전 등 북한의 방해와 테러 위협이 상존 하고 있었다.

현장에서의 수 십여 경비 대책회의와 FTX 훈련, 현장 적응 리허설 등 모든 행사와 선수단의 이동에는 치밀한 대테러와 경비 활동이 이루어 졌다. 현장에서 위해 요인과 테러 위협을 사전에 감지하고 예방하며 교통관리와 이동로 안전등 모든 분야에서 혼신을 다하는 현장의 경찰활동이 대회 성공에 결정적인 역할을 한다.

올림픽은 전 세계인의 축제인 만큼 경비 활동을 노출시키거나 참여 선수단의 불편을 주지 않으면서 안전하게 관리 하는 것이 대회관련 경비 활동의 핵심이다.

영국은 그동안 북 아일랜드 갈등, 지하철 테러 등 각종 테러 위협의 요인이 있었다. 영국 경찰과 대테러 부대, 군부대까지 안전 활동에 동원 되어 각 경기장을 지상과 해상, 공중, 강 등 모든 지역에서 세밀하게 경비 업무를 하고 있는 것으로 알려졌다.

장엄하고 화려한 올림픽 개막식을 보면서 사건 사고와 테러의 위협과 이를 예방하기 위해 두 눈을 부릅뜬 영국 경찰의 고단함을 생각 하는 것은 경찰관으로 오랜 시간 근무했던 직업적인 걱정이 아닐까?

런던올림픽이 평화롭고 안전하게 성공 할 것으로 믿으며 전세계의 화합의 장으로 모든 인류에게 사랑의 메시지를 전하고 전세계 지구촌이 서로가 사랑하고 존중하는 향연이 되기를 기원해 본다.

그리고 많은 메달을 획득하여 대한민국을 전 세계에 널리 펼치고 온 국민을 환호하게 하기를 기대해 본다.

다문화 가정,
결혼 이주 여성은 우리의 진정한 친구

산과 들에 아무렇게나 흐드러지게 핀 들 풀꽃이 만발하다.

바람이 불면 부는 대로 들 풀꽃은 인간이 살아가는 방식처럼 출렁출렁 흔들린다. 간혹 소나기 내리면 온몸을 부르르 떨면서 꽃잎 떨어지기도 한다. 바람보다 먼저 눕고 바람보다 먼저 일어서기도 하지만 비오는 날이면 바짝 고개를 엎드리기도 한다.

들에 핀 꽃밭에 서 있으면 한 군락의 풀 꽃밭에는 다른 종의 잡풀이 좀처럼 끼어들지 못하는 신기한 현상을 발견하게 된다. 각자의 영역 속에 군락을 이루고 외래종을 받아들이지 않는 배타성이 있다.

같은 종끼리의 단일한 군집과 강인한 생명력을 서로가 뽐내고 있었다. 들 풀 같은 배타성이 인간사회에도 존재하는 것은 아닐까?

우리나라에도 약 26만 명의 외국인 결혼 이주 여성들이 전국 각지에서 살고 있다.

전국 거주 외국인은 120만 명에 이르지만 불법 체류자까지 포함하면 150만 명의 외국인이 한국 땅에서 새로운 삶을 사는 것으로 생각된다.

세종 경찰서에서는 지난 6월 15일 다문화가정 외국인 10여 명을 초청해서 간담회를 가졌다. 한국에 이주해서 어려운 점이나 지역사회와 가정에서의 갈등과 경찰이 어떤 점을 도와주어야 하는지를 논의 하는 자리였다.

캄포디아에서 오신 체구가 작은 결혼 이주 여성이 대화를 하던 중에 펑펑 눈물을 쏟아 행사장에는 오래도록 긴장과 숙연함이 가득 하였다. 이어서 계속된 베트남, 태국, 필리핀 등 나름대로 각국을 대표하는 이주 여성인데 발언 도중에 복받쳐 흐느끼는 것이 너무 마음을 안타깝게 하였다.

경제적인 어려움과 남편의 무관심과 술을 먹으면 폭행과 시어머니의 멸시와 천대, 그리고 하루 종일 농사일을 한다고 하면서 이곳 한국에 일하러 온 것인지 행복한 삶을 찾아 온 것인지 후회한다는 말도 했다. 다문화 가정을 이해하고 결혼 이주 여성의 입장을 헤아려 모두가 안전하고 행복한 치안시책을 펼치려는 계획은 그냥 눈물만 흘리는 자리가 되었다. 하지만 이 행사를 통해 다문화 가정과 결혼 이주 여성의 어려움을 이해하는 계기가 되었다.

일부 다문화 가정들이 주위의 편견과 냉대, 그리고 아들, 딸들이 동네와 학교에서 따돌림을 당하는 현실이 있어 안타까운 마음을 금할 수 없었다. 작금의 저출산과 고령화로 농촌의 인구가 감소하고 고령자들이 쓸쓸이 농촌을 지키고 있다.

이러한 문제를 해결하기 위한 방안은 다양한 문화의 외국 여성을 결혼이나 이민으로 받아들이는 시책이 필요 하다고 본다. 많은 젊은 농촌 총각들이 평생 결혼하기 힘들고 어렵게 일상을 살아간다는 것은 안타까운 일이 아닌가?

단일민족, 단일 언어를 쓰고 핏줄과 종족, 조상을 소중히 하는 유교적 전통에서 외국 여성과의 결혼을 경원시하고 편견과 따돌림의 눈으로 바라본다면 다문화를 포용하고 글로벌 시대의 한국의 발전과 국격 제고는 어렵지 않을까 생각한다.

따뜻한 눈으로 바라보자. 관심과 배려를 실천하자. 아끼고 진정한 한국인의 한사람으로 받아들이자. 26만 명에 이르는 결혼 이주 여성들, 앞으로 그 숫자는 더욱 늘어날 것이다. 지역사회의 따돌림과 편견, 가정폭력이 일상화된 다문화가정이 있다면

경찰이 적극 나서겠다

세종경찰에서는 다문화 가정, 이주여성들의 국내 정착 지원에 적극 나서고 운전면허 취득, 자녀 돌보기, 법률상담, 가정폭력 등 가정 문제에도 적극 관심을 갖고 실천 할 것이다.

가정폭력으로 인한 가정 파괴범죄는 4대악으로 근절되어야 하고 세종경찰은 특단의 노력을 할 것이다.

따뜻하고 더불어 사는 사회, 국적과 피부색, 장애에 따라 편견이나 차별이 없는 사회, 사람의 생명과 사람의 가치가 최고로 존중되며 인권과 인간의 존엄이 강물처럼 도도히 흐르는 대한민국을 그려본다.

올림픽 금메달의 환호성을 뒤로 하고

15일째 폭염과 열대야를 런던 올림픽의 환호성이 있어 견딜 수 있었다. 이제 8월 13일 폐막과 함께 화려하고 인간 승리의 열정과 환희는 역사 속에 묻는다. 대한민국 축구선수단의 사상 최초 올림픽 메달획득의 쾌거를 지켜 보면서 금메달 13개로 전 세계 스포츠 강국 속에서 세계 5위의 성적을 거두었다.

그동안 땀과 눈물을 흘린 선수단에 축하와 경의를 보낸다.

특별히 이번 올림픽 체조 남자 도마종목 결선에서 1, 2 차시기 16.533 이라는 압도적인 점수로 금메달을 차지한 양학선 선수 얘기를 하고 싶다.

지난 2010년 광저우 아시안 게임에서 도마 부문 금메달을 획득하여 세계 체조계를 놀라게 한 선수였지만 국내 인지도는 저조하다가 이번에 올림픽 금메달을 획득하면서 전국이 온통 양학선 선수 스토리에 열광하고 있다.

그동안 피겨, 수영, 축구 등 인기 종목에 비해 국민적인 관심이 없던 기계체조 부분에서 이토록 국민적 성원과 감동을 주는 것은 무엇 때문인가?

그의 어려운 성장과 부모님이 비닐하우스에 거주 하고 있고, 훈련비를 아껴 부모님 생활비를 보태 주었다는 감동 스토리는 어려운 환경을 극복하고 피땀 흘려 경제 기적을 이룬 어르신 세대의 자화상이 아닐런지? 산업화를 온몸으로 이루어 내신 어르신들의 헝그리 정신의 마음과 대한민국 국민의 향수가 양학선 선수의 신화 사례에서 보듯이 자신의 꿈을 이루었다. 불우한 환경에도 꿈을 잃지 말라는 국민적 성원이 기적을 만들고 눈물을 만들었다.

이곳 세종시 골목길 전봇대나 아파트 출입구, 교차로 신문 등에는 인력난을 호소하며 구인 광고가 넘쳐난다. 특히 농번기 농업현장, 행복 중심도시 건설현장, 중소업체 산업현장에는 육체적인 강도를 필요로 하는 근로자 구인 광고 전단지가 즐비하다.

하지만 많은 젊은이들은 일자리가 없다고 한다. 좋은 일자리가 없다고 한다. 그래서 건설현장, 제조업 생산 현장에는 많은 외국인 근로자가 대체되고 있다.

위험하고 힘들고 환경이 지저분하고 어려운 일을 3D 업종이라고 한다. 선진국으로 삶의 질이 향상 될수록 어렵고 힘든일을 해주는 3D 업종은 더욱 늘어날 것이다.

밤에 일하는 부서, 육체적인 강도가 필요한 부서, 위험하고 힘들고 사회의 그늘진 곳에 있는 범죄인을 상대해야 하는 경찰도 이제는 3D 업종 중의 하나 일 것이다.

사회는 제각각의 분야에서 맡은바 업무를 잘해야 많은 사람들이 행복하고 편안하다.

누군가는 남들이 하기 싫어하는 일들을 열심히 해 주어야 한다. 야간 병원 응급실, 119구급대, 경찰서와 파출소, 24시간 불 밝히는 산업현장 등 많은 시민들의 안전하고 행복한 일상은 사회의 어두운 곳을 밝히며 잠 못 드는 사람들의 노고에 의해 이루 어지는 것은 아닌지? 하지만 많은 사람들은 달빛처럼 세상이 잠들도록 온밤을 밝히며 어려운 사람들을 살피는 사람들의 노고를 가끔은 잊고 있는 것은 아닌지?

올림픽 환호성 속에서 꿈을 이루기 위해 혼신의 열정을 다하는 선수들의 눈빛을 보면서 젊은이들이여, 세상은 넓고 할 일은 많다고 말해주고 싶다.

고통과 어려움 없는 평탄하고 안락한 일자리만을 찾아 한없이 젊은 날을 허비 하는 것은 아닌지, 인생은 짧다고 한다. 이것을 할까 저것을 할까 망설일 만큼 길지 않다고 한다.

남들이 싫어하는 일을 해 보는 것, 어렵고 위험하지만 국가와 사회에 도움이 되는 일을 해 보는 것, 그리고 자신의 꿈과 목표를 위해 헌신하는 열정과 투지, 집념이 있는 일자리는 어떠한가?

그것이 대한민국 젊은이의 참 모습 아니겠는가? 또한 군복무를 위해 의무경찰 지원도 하나의 시도가 될 수 있지 않을까? 아니면 민중의 지팡이 경찰관이 되는 것도 좋을 듯하다.

새벽 4시쯤이면 아파트 쓰레기를 치우는 청소하시는 분들이 새벽을 연다. 부릉거리는 쓰레기차 소리가 고단한 새벽잠을 깨우기도 하지만 오늘은 정겹기만 하다. 누구나 하면 된다. 그리고 할 수 있다. 이것이 살맛나는 세상, 사람 사는 세상이라고 생각해 본다.

가을이 한창인 대전 국립 현충원 경찰관 묘역에 서서

단풍이 절정이다. 어제 늦가을비가 가을빛깔에 물감을 들였다. 산과 들에 가을걷이와 산행에 바쁜 사람들의 물결이 아름답다.

오늘은 아침부터 세종시민 한마당 축제 교통관리와 경비, 그리고 지난주 부터 수능시험지 인쇄소 경비에 밤, 낮으로 현장 직원들이 고단하게 근무하고 있다. 보이지 않는 안전과 질서를 위해 묵묵히 일하는 동료들이 고맙다.

단풍철에는 대형 버스들이 과속으로 질주한다. 지난달 개통한 1번 국도 우회도로 10km 구간은 6차선으로 3개의 터널과 2개의 교량으로 이루어졌다. 신호등 없이 모두가 교차로로 설계되어 규정 속도 80km를 초과하는 질주 차량이 위태롭다. 우선 서둘러 경고판과 표지판을 정비하고 지난 금요일 구간 단속 카메라 12대를 설치하기로 하였다.

단풍철 교통안전에 주의해 주길 당부 드린다. 과속은 위험하다.

주말에 집 인근에 있는 대전 국립 현충원을 둘러보았다.

동네 주변에 애국혼이 잠들어 있는 국립 현충원이 있다는 것은 충청지역이 충절의 고장이라는 뜻일까?

10월이면 현충원 경내가 오색 단풍과 푸른 솔, 막바지 초록의 잔디가 어울어진 추모의 현장이며 시민이 편안히 쉴 수 있는 공원이기도 하다.

계룡산 지류, 갑하산 자락에 위치한 현충탑 앞 경찰관 묘역에는 동의대 사건 희생경찰관 7인의 묘역이 별도로 조성되어 있다. 두 번이나 불태울 수 없다 하여 시신 채 매장한 묘역으로 현충원에 장군묘 등 몇 안되는 매장 묘역이다. 23년간의 긴 세월 동안 동의대 사건 당시 학생들이 화염병을 던져 타오른 불에 숨진 희생자와 부상자들은 제대로 국가 보상을 받지 못했다.

지난 2월 국회에서 '동의대 희생자의 명예회복 및 보상에 관한 법률'이 제정된 후 엇그제 관련절차가 마무리되어 유족과 부상자들에 대한 보상절차를 진행한다 한다.

이에 따라 경찰청은 11월 1일부터 12월 말까지 유가족으로 부터 신청을 받아 법률이 정한 보상금을 지급한다. 이들에 대한 명예회복과 보상은 당연하고도 진정한 역사 바로 세우기가 아닐까?

동의대 사건은 한 교수가 총장의 입학부정 사실을 폭로한 양심 선언이 사건 발생의 계기가 되었다.

학생들이 입학부정에 항의, 총장실을 장기간 점거하고 집단 시위를 벌였다. 시위는 학생들이 학교 밖으로 진출하고 이를 막으려는 경찰과 학생들은 매일 화염병으로 경찰진압에 맞섰고 파출소 습격사태도 벌어졌다.

이 과정에서 전경 5명이 납치, 중앙도서관에 감금됐다.

경찰이 이들을 구하기 위해 학내에 진입하자 도서관에서 화염병 등에 의한 불길이 솟았고 이때 경찰관 3명이 불에 타 숨지고 4명이 불길에 휩싸여 추락사했다.

법원은 이들 구속된 폭력시위학생 46명에게 모두 방화 · 살인 등 혐의로 징역 2년에서 최고 무기징역형을 선고했다. 하지만 그후 민주화운동보상심의회가 이들 학생들을 민주화운동 공로자로 인정하고 이들 중 39명에게 보상금을 지급하였다.

'학생들이 살인에 고의성이 없고 화염병 사용도 그때의 통상적 시위방법이었다' 는 것이다. 사회질서를 위한 공권력에 대항한 폭력시위가 민주화운동일까? 동의대 사건 당시 순직한 최동문 경위의 아들로 아버지의 뒤를 이어 경찰관이 된 부산 남부경찰서에서 근무하는 최봉규(31) 순경등 유가족들은 순직 경찰관에 대한 유족보상이 당연한 조치라며 통한의 눈물을 흘렸다.

엊그제 10월 21일은 대한민국 경찰 창설 67주년이 되는 날이다. 8. 15 광복 후에는 좌, 우익의 혼란한 현장에서 대한민국 건국경찰의 역할을 하였다. 6 · 25 전쟁의 국가적 위난에는 마지막까지 총을 들고 대한민국을 지킨 호국 경찰이었다. 그리고 67년간 이 나라의 근대화와 민주적 격동기에 시대적 아픔을 온몸으로 겪은 대한민국 경찰이라는 국민적 공감대를 느낄 때마다 경찰로 근무한 25년의 시간이 보람으로 느껴진다.

5년간 71여명이나 스트레스로 인한 자살자가 있고 7,850명이 부상 입고, 58명이 순직(전체 사망의 17%만 순직으로 인정됨)하는 직업으로 경찰관은 공무원 중에 가장 많은 스트레스와 고단한 업무를 해야 한다.

밤샘근무의 고단함을 감내해야 하는 경찰, 위험과 어려움을 이겨내야 하는 경찰에게 다른 선진국가 처럼 적극적인 투자가 필요하지 않을까?

이제 잘 사는 대한민국, 행복과 웰빙을 꿈꾸는 대한민국 경찰에게도 스트레스와 체력관리, 건강관리를 체계적으로 할 수 있는 예산과 시책마련이 필요할 때다.

마음이 응어리진 아이들에게는 사랑의 콘서트를

깊어가는 가을이다. 초록이 지쳐 노랗게 물드는 은행잎이 아름답다.

가을밤에는 책 읽는 소리가 정겨울 것이다. 하지만 짧은 가을을 뒤로 하고 겨울을 맞을 것이다.

어제 관내 청소년 복지센터에서 어려운 가정형편의 초, 중교 학생들을 초청하여 가을저녁을 같이 나누는 사랑의 콘서트에 참가했다.

아이들에게 좋은 얘기를 해 달라는 부탁을 받았다. 몇 달전 이 학생들을 위해 2박 3일간 여름방학 행복한 학교 캠프를 경찰서 주관으로 실시한 바 있고, 영어를 잘하는 의경대원이 함께하는 영어캠프도 마련해 주었는데 어제 행사는 지역봉사활동을 함께 하는 삼성전기(주)에서 준비한 프로그램이다. 이외에도 삼성전기와 세종경찰서는 아이들 안전, 어르신공경 등 많은 분야에서 협조중이다.

아이들의 눈망울은 맑고 어두운 구석이 없었다. 좋은 얘기가 뭐가 있을까? 눈높이를 맞추며 아이들과 같이 외쳤다.

나는 행복하다. 나는 꿈이 있다. 여러번 함께 다짐해 주었다.

세종경찰은 매주 학교별로 순회하며 학생과 경찰관이 같이 하는 사랑의 풋살 프로그램을 운영하고 있다. 각종 범죄예방교실도 운영하고 사랑의 편지쓰기, 담당 형사들과 고민을 상담하는 문자메시지 등 다양한 시책으로 학교 안전과 행복한 학교생활을 위해 적극적으로 활동하고 있다.

아이들의 안전은 무엇보다 가정의 역할이 중요하다. 물론 선생님의 역할도 크다고 생각한다. 그리고 무엇보다 섬세히 보살필 수 있는 엄마의 역할이 더욱 중요하다. 존중과 배려를 받지 못하는 아이들이 가출하거나 친구들을 괴롭히거나 탈선행동을 하기도 한다. 그래서 결손가정의 아이들에게는 다양한 형태의 청소년 힐링 프로그램이 도움이 될 것이다.

토요일 새벽에 영화를 보았다. 원제로 Freedom Writer's Diary, 난 절대 너를 포기하지 않는다는 제목으로 출시되었던 2007년도에 나왔던 영화다.

이 영화는 실제로 있었던 사실을 바탕으로 한다. 신참 여선생님이 미국 캘리포니아의 윌슨 고등학교로 부임하여 흑인, 동양계, 라틴계 등이 섞여있는 학생들 사이로 들어가 문제아 학생들을 바른 길로 인도하였다. 그들이 나중에 수업을 했던 방식과 갈등, 문제를 해결하는 과정과 아이들의 일기를 책으로 묶은 것이 바로 Freedom Writer's Diary라는 책이고 영화가 되었다.

캘리포니아 롱비치의 극빈층 문제 아이들이 에린 그루웰이라는 24살의 젊은 선생님을 만나, 존중을 배우고 사랑을 배우고 꿈을 배우면서 정이 드는 오랜 과정과 글쓰기 연습을 통해 상처가 아물어 가는 것을 배우고, 밝은 아이들로 변한다는 이야기다.

흑인, 백인으로 서로가 경멸하던 인종 차별, 사회적 괴리, 그 속에서 생기는 갈등, 폭력이 가득했던 학교가 유태인 홀로코스트 (대학살)의 비유를 통해 문제를 공유하고 폭력, 마약, 가정문제, 가난, 애정 결핍, 낙태 등을 숨기지 않고 말하면서 위로를 받고 그 속에서 용서를 하였다. 누구도 믿지 않았던 문제아이들만의 편견을 깨고 세상 밖으로 한 걸음 한 걸음 나아가는 윌

슨고등학교 실화는 감동적이었다.

에린 그루웰 이라는 여선생은 학생들에게 보여준 헌신과 사랑을 바탕으로 지금은 캘리포니아 주립대의 신임교수가 되어 교사가 될 학생들을 가르치고 있다.

"존중받고 싶거든 먼저 존중하라"

"사랑받고 싶으면 먼저 사랑하라"

한 사람의 헌신과 열정이 아이들을 변화시키고 학교를 변화시키고 세상을 바꾸어 가는 것을 영화를 통해 보았다.

경찰과 학교당국의 노력, 전 국민적 공감대로 학교폭력과 따돌림을 예방하고 치유하면서 행복하고 안전한 학교 만들기가 많은 성과를 거두고 있다. 학교 안에서의 안전과 학교 주변에서의 안전, 그리고 아이들이 편안하고 행복하게 공부하고 훌륭한 사회인이 되도록 가능한 분야에서 경찰의 역할은 계속 될 것이다.

얘들아, 문제나 고민이 있으면 말하고 상의하고 편지를 보내자. 너희들을 사랑하는 어른들과 경찰관이 늘 같이 있단다.

결코 외로워 마라.

사랑이 가득했던 아이들의 열정 콘서트를 마치고 밤늦게 까지 함께 떡볶이를 먹으면서 많은 학생들이 참여할 수 있는 프로그램이 많고 다양해지면 상처받은 아이들이 더욱 신명 날 것이라는 생각을 해본다.

엄마 파출소장, 섬세한 배려와 친절을

민족 최대의 명절 추석이다. 민족의 대이동이 시작되어 추석절 방범 비상근무와 교통 관리등 치안현장에서의 긴장감은 높아가고 있다.

몇 차례 태풍과 폭우 속에서도 올 추석은 환한 보름달처럼 풍요롭고 넉넉한 한가위 인것 같다. 오곡백과가 무르익고 산과 들이 긴 여름 인내한 저마다의 결실을 채워 갈 때 아름다운 이 땅은 새삼 금수강산이라는 생각이 든다.

세종특별 자치시 치안은 편안하고 빈틈 없다고 할 수 있다. 몇 군데 공사장의 부도여파로 임금체불의 갈등이 있고 공사장 절도사건 등 강력사건이 있었지만 주민들이나 사회적으로 이목을 집중하는 부담되는 미제 사건 없이 전 직원이 혼연일체가 되어 편안한 치안과 교통관리에 여념이 없다.

엊그제 세종경찰서 엄마 파출소장, 마을길을 누빈다는 언론 보도가 화제가 되고 있다.

아마 전국 3,100 여개 지구대, 파출소, 치안센터 중에 유일하게 아기 엄마가 한 지역을 책임 맡은 치안임무를 수행하는 것 같다. 김모 경사는 고운 마음과 미모를 갖추고 다양한 경찰부서에서 12년째 근무하는 4살짜리 아이엄마이며 부부경찰이다. 인근 천안 서북경찰서에 남편이 근무하고 김경사는 세종서에 근무하면서 아이를 맡길 곳이 마땅치 않고 둘째아이도 갖지 못하는 고단한 직장생활과 육아의 고충을 겪고 있었다. 두 달 전 세종시 소정면을 관할하는 소정치안센터장으로 발령받고 파출소에서 때때로 아이도 돌보면서 관내 어린이들의 엄마가 되는 엄마 파출소장의 역할을 하고 있다.

경로당에 가면 어르신들이 며느리가 왔다고 좋아하고 자율방범대등 동네 청년들은 여동생처럼 포근한 미소에 한 번 더 방문하는 파출소가 되어 지역의 화제라 한다. 위험한 치안 현장에서 연약한 여성이라는 걱정도 있었지만 주민들과 한 마음이 되고 지역 아이들과 소통하고 살피는 섬세한 마음이 고마울 뿐이다.

세종경찰서에는 9명의 여자경찰이 근무한다. 전 직원의 5% 수준으로 전국 여자 경찰은 6,000명 정도인데 이는 전 경찰의 6% 수준으로 비슷한 규모의 여자 경찰이 근무중이다. 이중 4

명이 출산, 육아 휴직중이다. 다른 공무원들은 장기 휴직자에 대한 대체 근무자를 채용 하거나 이들 기간제 직원에 대한 예산 지원이 되고 있다. 하지만 예산상의 문제로 경찰은 휴직자가 생기면 결원인 채로 유지 되고 있어 장기 결원자의 빈자리에 의한 치안 부담이 되고 있는 현실이다.

앞으로는 개선되고 있지만 아직은 장기결원은 동료 경찰에게 부담을 주기도 한다.

저 출산이 국가적 문제가 되고 있는 현 시점에서 여성 공무원의 출산과 육아를 적극 뒷받침해 주어야 한다. 하지만 고단한 근무 여건에서 직장동료들의 업무를 가중시키면서 편안하게 육아 휴직 등을 통한 가사에 전념 할 수 있는 여건이 부족하다.

직장 보육시설이나 엄마로써 육아를 맘 놓고 할 수 있는 여건이 많이 부족한 것이 현실이다. 교육계나 법조계는 여성파워라는 여성공무원이 크게 늘어나고 있다. 경찰, 소방 등은 채용 과정에서 여성만을 일정 비율로 채용하기 때문에 우리나라는 전국 경찰의 6% 수준으로 14% 수준인 미국이나 12% 수준인 중국 등과 비교하여 적은 숫자다.

2년전 여자경찰 최초의 치안감, 지방경찰청장을 배출했고 며칠 전에는 치안정감을 탄생시켰지만 전체 고위 지휘관중에 여성이 차지하는 비중은 적은 편이다.

남녀 고용 평등의 시대, 여성의 사회 진출이 확대되는 시대,

성 범죄 등 여성 관련 범죄가 급증하는 시대, 여성의 섬세함과 감성적이고, 따뜻한 서비스를 기대하는 국민적 기대에 발맞추어 여성경찰의 숫자는 증가 할 것이다.

경찰관서에서 어떻게 여성경찰을 적재적소에 배치하고 운용하는 것도 하나의 과제가 되고 있다. 그 대안이 엄마 파출소장 또는 어머니 치안 센터장이 아닐까?

지방의 면 소재지마다 존재했던 치안센터를 잘 가꾸어 엄마 경찰관들이 지역을 살피고 서비스하는 엄마 파출소의 확대가 필요 하지 않을까?

많은 우려와 걱정도 있지만 엄마 파출소장은 잘 하고 있다.

지역 주민들도 만족하고 있다. 근무하는 여성 경찰관도 좋아하고 있다.

관내에, 죽림, 서면 등 2개의 치안센터가 오랫동안 주인 없이 방치 되어 있다. 인력이 추가로 지원 된다면 파출소를 수리해서 제2, 제3의 엄마파출소를 증설 하고 싶다.

국가 공무원 중에서 특히 여성경찰관에 대한 배려는 매우 부족한 형편으로 마음 놓고 출산과 육아를 할 수 있도록 대체 직원 채용 예산의 확보와 육아시설의 설치, 그리고 근무 환경 개선이 필요 하지 않을까?

단순히 보여 주기식 엄마파출소장이 아니라 장점을 끌어 올리고 친밀감을 높이는 엄마들이 치안현장을 누비는 모습이 따뜻함이 가득한 추석 절에 더욱 빛난다.

모든 분들의 풍요롭고 행복한 추석절, 민족의 최대의 명절 한가위를 기원한다.

10월 교통사고 주의보, 관광버스만 타면 음주가무 어찌 할까요?

민족 최대 명절 한가위, 중추절이 지났다. 가을의 한가운데라는 뜻의 중추절은 만월처럼 풍요와 감사의 명절 이었다.

예로부터 만월 아래에서 축제를 벌이고 먹고 마시고 놀면서 춤추며 씨름, 강강수월래 등의 놀이로 고단한 일 년 농사를 즐겼다 한다.

엊그제 월드스타 싸이는 서울 시청 앞에서 8만 명이 운집한 가운데 한민족의 춤과 노래를 전 세계에 알렸다. 한국말로 된 노래와 춤이 세상 사람들을 열광시키고 있다.

한민족은 예로부터 음주 가무를 즐기는 민족이라는 기록이 있다. 언제 어디서나 춤추고 노래할 수 있는 다이내믹한 우리 민족이 세상에서 가장 잘사는 나라를 짧은 시간에 만든 강점이 아닌가 생각한다.

하지만 가을걷이가 끝나고 본격 단풍, 행락철인 10월이 되면 경찰은 또 다른 걱정이 있다.

매년 10월이면 하루 평균 18.6명이 교통사고로 사망하고 각종 교통사고와 대형관광 버스의 교통사고가 발생하는 안타까운 소식을 듣게 된다.

지난해 대형 교통사고는 사상자 기준으로는 10월에 가장 많이 발생했는데 하루 평균 사상자는 9.4명으로 평소(5.4명)의 1.7배 수준이다.

경찰은 10월 4일부터 11월 30일까지 '행락철 교통안전 주의기간' 으로 설정해 다양한 교통사고 예방대책을 추진하고 있다.

충남경찰은 수학여행 · 야유회 등이 많은 계절적 특성을 감안하여 각급 학교와 전세버스 업체 등에 안전운행을 당부하는 서한문을 발송하고 출발전에 경찰관이 출발지를 방문하여 사전 음주측정이나 안전 운행과 사고예방을 당부하기도 한다. 최근 대형사고가 발생한 지점이나 위험도로에 대해 안전진단과 경고판을 설치하기도 하였다.

또 전세버스내 음주가무 등 소란행위와 안전띠 미착용 등 법규위반에 대해서는 단속을 강화할 것이지만 무엇보다 운전자와 동승자 모두의 자발적인 협조와 투철한 안전의식이 필요하다.

어디든지 떠나고 싶은 아름다운 계절, 10월에는 각급 학교의 수학여행과 등산, 그리고 가족단위 관광은 행락객의 증가로 이어진다. 마을 어르신 잔치, 결혼식 하객 차량, 묻지마 관광 등 여가를 즐기는 분들의 행락버스가 도로를 질주한다.

작년에 수학여행 중이던 관광버스가 굴러 학생들이 죽고 부상당했을 때도 안전벨트를 매어 피해를 크게 줄일 수 있었다.

안전벨트는 곧 생명벨트인데, 고속으로 달리는 버스 안에서 춤을 추다가 급정거나 사고가 나면 인명피해는 불을 보듯 뻔한 일 아닌가. 관광버스는 한 번의 사고로 많은 인명피해를 발생시키는 대형사고로 이어진다.

더구나 우리 국민들은 음주가무를 좋아하는 편으로 유난히 관광버스만 타면 가무행위로 골머리를 앓고 있다.

버스는 단순한 이동수단 인데도 유독 관광버스만 탑승하면 음주가무를 즐기려는 특성 때문에 대형사고의 위험이 있다.

버스 내에서 음주가무를 즐기는 것은 분명 사라져야 할 나쁜 관행이다.

어떤 관광객은 운전사에게까지도 술을 권하기도 하고 운전기사분은 한손으로 운전, 한손으로 음악을 틀어주고 귀가 멍멍한 시끄러움 속에서 아찔하게 고속주행을 한다.

운전자들은 음향시설이나 실내 싸이키 조명이 없는 전세버스는 이용자들이 꺼려 계약을 안하기 때문에 버스실내 개조나 음향시설 설치는 영업하기 위해서는 어쩔 수 없다고 한다.

시민들이 자발적으로 버스안의 안전 의식이 필요한 때다. 모처럼 놀러 가는데, 시간이 아깝다며 버스에 오르자마자 술을 권하고 음악을 틀고 노래하고 춤추는 관광버스의 모습이 한국인의 자랑은 아닐 것이다. 관광버스 가무행위는 운전자와 회사, 탑승자에게도 책임을 묻는 방법도 검토해 보아야 할 것이다. 그리고 관광버스 예약 당시부터 음주가무행위를 하지 않겠다는 서약을 받는 방안도 필요할 것이다.

달리는 버스에서는 안전벨트착용, 음주 가무 금지, 운전자는 졸음방지와 안전운행, 평소에 차량정비, 그리고 과속, 추월 금지등 모든 노력으로 본격적인 행락철 교통사고를 예방해야 하겠다.

즐김과 유흥, 오락보다 안전이 항상 최고의 가치임을 생각해 보면 어떨까?

안전은 사느냐 죽느냐의 문제이기 때문이다. 오늘 아침 부쩍 늘어난 관광버스와 차량들의 질주를 보며 모든 분들의 안전을 기원한다.

그래서 세종경찰에서는 가을철에 음악과 노래를 기대하는 시민 분들을 위해 건전하고 수준 높은 국립경찰 교향악단의 향연을 준비 하였다. 10월 10일 19시에 세종시 세종문화회관에서 시민, 어르신이 함께하는 어울림 음악회를 준비하였다.

많은 분들이 오셔서 수준 높은 오케스트라의 향기에 빠져 보심은 어떨런지요.

삶과 죽음의 현장에서

죽음은 혼자 떠나는 것이라 한다. 모든 것을 남겨 두고 가야 한다. 죽음이 두려운 것은 우리 삶이 많은 것을 갖고 가지 못하는 것에 집착하기 때문은 아닌가?

수많은 치안 현장에서 많은 사람들의 죽음을 보았다. 법적으로 사람이 사망하면 자연사와 변사로 구분한다. 자연사는 질병이나 노화 등으로 자연스러운 죽음을 의미하고 변사는 자살, 이나 타살, 사고사 등 자연스럽지 못한 외부적 요인에 의한 사망을 말한다. 경찰이 처리해야 하는 일은 변사자에 대한 사법적 행정적 처리를 통해 유가족에 인계하거나 연고자가 없으면 지자체를 통해 장례절차 등을 진행하게 된다.

이곳 세종시 지역에도 하루평균 한 두건의 변사사건을 접하게 된다.

며칠 전 금강변 합강리 둔치에서 물에 떠 있는 40세 가량의 변사자를 발견했다. 이틀 전 자살한다고 가족에게 연락 한 후 집을 나간 분이 있다는 신고를 받고 부강면에서부터 금강변을 수색했다. 별다른 단서가 없어 발견하지 못한 분이 변사체로 발견된 것이다.

한 달 전에는 같은 장소에서 자살한다는 문자를 남기고 차안에서 번개탄을 피우고 사고를 당할 뻔한 분을 수색 끝에 차안에서 실신해 있는 분을 발견하여 구조 한바 있다.

얼마 전에는 모 아파트 단지에서 새벽 3시경 피흘리며 있는 분, 조치원 읍내 가로에서 머리에 상처를 입고 있는 분, 농약을 마시거나 목을 매거나..., 많은 분들의 변사 사건을 접할 때마다 가슴 저미는 안타까움을 느낀다. 얼마나 고단했으면, 얼마나 외로웠으면, 얼마나 힘들고 얼마나 아팠으면 사랑하는 가족과 이웃을 뒤로 하고 스스로 죽음의 길로 가시는지...,

많은 분들의 명복을 빈다. 경찰의 사명은 국민의 생명과 재산을 지키는 것이 일차적인 사명이다. 범죄 예방활동을 통해서

살인, 교통사고등 각종 사건 사고를 예방하는 것이 주된 책무이지만 스스로 삶을 포기하는 자살 예비자나 자살 기도자를 사전에 발견하여 귀중한 생명을 구하는 것이 경찰의 책무이리라.

우리나라는 OECD 국가 중 자살률 1위, 특히 노인 자살율이 1위라고 한다. 전국에서도 충남지역의 자살률이 가장 높다고 한다. 자살을 방지하고 죽음을 생각하는 분들에게 희망을 주고 생을 포기하지 않도록 적극적인 프로그램과 관련 대책이 필요하다고 본다.

자살원인의 대부분인 우울증은 흔히 마음의 감기라고 한다.

초기 증상을 발견하고 치유 하는 과정이 필요하다. 본인이 우울증의 증세가 있는 지도 모르고 고통스러워 하다가 죽음을 선택 하는 안타까운 사건이 없도록 해야 한다. 통계에 의하면 전 인구의 10% 정도가 자살을 생각해 본다고 한다. 연구자들은 약386만 명이 자살 위험군에 있는 사람이라고 한다. 한 해 약 50만 명이 자살을 시도해 본 경험이 있다고 한다.

연 평균 자살자는 16,000명에 이른다. 하루평균 45명이라는 수치다. 어떤 질병이나 교통사고 보다도 많은 수치다.

자살은 본인의 소중한 생명을 끊는 행위이지만 남겨진 가족과 이웃에게 큰 상처를 남긴다. 사회 경제적 비용도 크다. 이제는 자살 예방 프로그램과 우울증 환자등 성향이 있는 분이나 경제적인 빈곤의 문제에 있는 분들에 대한 정책적인 배려가 필요하다.

자살의 문제가 단순히 개인의 문제이거나 어쩔 수 없는 사회 문제가 아니다. 따뜻한 배려와 관심, 외로움을 적셔줄 이웃의 사랑이 필요하다.

흔히 영혼의 무게는 21그램이라 한다. 임종 직전과 직후의 미세한 몸무게의 차이가 21그램이라 하여 영혼의 무게가 21 그램이라 한다. 많은 사람들이 종교를 통해서 영혼의 존재를 믿는다. 현실의 고통 보다 죽음이 낫다는 생각이 자살을 부추긴다. 사람에게 영혼이 있다면 그것은 강인한 생의 의지이리라. 단지 눈으로 보이는 무게가 아니라 마음의 무게로 보여지는 우리 삶의 파노라마가 아닐까?

왜 사는지, 어디로 와서 어디로 가는지 그 근원적인 의문에 대답하기 위해서도 소중한 생명을 아끼고 신이 허락하신 날까지 사람의 가치와 존엄을 잃지 않는 것이 진정한 영혼의 무게를 감당 하는 우리 사람들이 살아가는 바른 자세가 아닐까?

탈주범을 쫓는 경찰관 이야기

하늘은 높고 산과 들판이 노랗게 물드는 풍요로운 가을이다.

민족 최대 명절 추석이 목전이다. 연일 전국 경찰은 강력범죄 예방과 검거, 그리고 방범 비상근무에 혼신의 노력을 다 하고 있다.

사회가 있는 곳에는 범죄가 있다. 사람이 사는 곳에는 갈등이 있고 다툼이 있고 문제가 있다. 범죄를 예방하고 범인을 검거해야만 하지만 갈등과 문제의 해결을 원하는 다양한 치안수요가 산적해 있다.

엊그제 대구 동부경찰서 유치장 탈주범 최 모 씨를 검거하기 위해 대구경찰청 뿐만 아니라 전국 경찰이 긴장하고 있다. 1997년 탈옥하여 907일간 도피 행각을 벌이며 백여건의 강도를 저지르고 13번이나 경찰을 따돌렸던 희대의 탈옥범 신모씨의 악몽을 떠올리는지도 모른다. 공주 동학사에 탈주범과 비슷하다는 신고, 대전 관저동에서 보았다는 신고, 논산 연무읍에서 보았다는 신고 등 언론에서 제공한 비슷한 인상착의라는 신고가 증가하고 있다.

신고내용을 확인하기 위해 인근 경찰서 경찰관 긴급배치와 기동대 부대를 투입하여 대대적인 수색을 실시하고 있다. 100명의 범인을 못 잡더라도 1명의 억울한 피의자를 만들지 말라는 격언도 있지만, 1명의 탈주범을 검거하기 위해 많은 경찰관은 피로감이 가중 되고 있다.

탈주범 최 모씨는 22년 전에도 경찰 호송버스에서 탈주한 적이 있다고 한다. 당시 최씨는 호송버스 쇠창살 틈 20㎝를 구부려 통과해 달아났단다.

최 씨는 당시 공범 3명과 함께 금은방과 주유소를 대상으로 13차례에 걸쳐 모두 1억여 원의 금품을 훔친 혐의로 구속됐다. 최 씨는 “당시도 지금처럼 억울해서 탈주했다.”고 말했다 한다.

준강도등 전과가 25건인 범인은 지난 7월 3일 집주인을 폭행하고 강도 하던 중 집주인에게 오히려 더 많이 폭행당했다는 억울함을 호소하면서 이번 탈주전에도 누구나 자유를 구할 본능이 있습니다.' 라는 글을 남겼다는 언론 보도이다.

책을 반입하여 사람 모양처럼 위장하고 연고를 바르는 등 치밀한 계획으로 탈주한 범인을 보았다는 신고 60여건을 접수해 경찰은 행적을 쫓고 있다.

평생 범죄를 반복하며 교도소에서 보냈을 탈주범 검거에 많은 경찰관이 힘들다.

1997년 신모씨 탈옥으로 연인원 수십만 명의 경찰관이 2년 6개월간 비상근무에 매달렸다. 신 씨는 교도소에서 907일간의 스토리라는 자서전을 쓰고 교도소 처우 개선 등을 요구하며 소송을 제기하여 일부 국가가 책임을 다하라는 판결을 받는 등 교정당국이 곤욕을 치루고 있다고 한다.

작년 7월 11일 노르웨이에서 77명의 무고한 어린이를 무차별 살해하고 건물을 폭파한 에링 브레이크는 21년을 선고 받고 교도소에 수감 중인데 안락한 독방에서 책과 신문, TV를 보면서 수감생활을 한다고 한다, 그를 수감하는데 정신과 치료등 연간 24억원의 비용이 든다고 한다. 수많은 피해자의 죽음과 유가족은 평생의 고통을 짊어져야 할 것인데 범인은 가능한 최고의 인권보장을 받으며 막대한 국가예산을 쓰면서 석방될 날을 기다리고 있다.

그가 교화되고 개선되었는지, 다시 사회 안전을 위협할 지는 교정당국에서 크게 관심을 가질만큼 인력과 장비가 여유가 없다고 한다. 형기를 잘 마치고 사회로 복귀하면 임무를 다했다고 스스로 위로하면 될 것이다.

24시간 온갖 범죄로 복역하는 재소자를 관리하는 교도관의 노고를 고맙게 생각한다.

대구 탈주범 최 모씨의 전과도 25건인데 제대로 교도소에서 교정이 되었다면 재범이 되었을까 하는 아쉬움이 든다. 어제 세종경찰에서는 수십번 전과가 있는 범인이 장애인 여아를 강간한 범인을 검거하여 구속한바 있다. 범인을 구증해서 검거하기는 날이 갈수록 어려워지고 범죄인의 인권보호와 권리 보장에 대한 요구와 여론은 높아만 간다.

최근 아동 성폭행범은 대부분 전과가 많은 누범들이 교도소를 나오자마자 재범을 한다. 정부는 우범자 관리를 위해 전담경찰관 500여명을 증원한다고 한다. 경찰서 당 한명씩 배정될 예정인데 수많은 우범자를 제대로 관리 할 수 있을까?

무고한 여성 등 20여명을 연쇄 살해한 유영철 등 60여명의 사형수들이 연간 14억 원의 관리 예산을 쓰며 수감되어 있다. 사형제 폐지 논란이 진행되고 있지만 수많은 범죄 피해자들이 평생을 고통스럽게 살고 있으며 억울하게 죽은 희생자들의 원혼들은 어떻게 생각할까?

범죄인의 인권은 존중되어야 한다. 형이 확정되기 전에는 무죄이고 진술거부권, 접견권, 변호인 선임권 등 많은 방어 장치가 있다. 형사소송법의 역사는 범죄인의 인권을 보장하는 역사이기도 하다. 하지만 무고하게 희생된 범죄피해자에 대한 보호나 배려는 부족하다. 형사 소송의 객체로 증거수집의 대상에 불과 했던 것이 아닐까?

대한민국은 경제적으로도 풍요롭고 살기 좋은 나라다.

자유와 인권이 극대화 되고 대부분 안전과 행복을 보장 받는다. 범인을 잡거나 범죄를 예방하거나 출소한 우범자와 전과자의 적정한 관찰은 경찰의 몫이라 한다.

하지만 강력범죄가 발생하면 아우성이다. 아동 성폭력 여성을 상대로 하는 잔혹범죄 등 모든 흉악범죄가 발생하면 경찰을 탓한다. 하지만 기분 나쁘다고 포크레인으로 파출소를 때려 부수고 차량으로 돌진하여 무너뜨리고 경찰관을 폭행하는 공권력 경시 풍조에 대해서는 별다른 반향이 없는 것 같다.

경찰관으로 25년째, 세상은 갈수록 험해지고 범죄인의 인권과 권리 보호에 대한 요구는 날로 커지고 있다. 과학적인 증거가 아니면 범인 검거는 날로 어려워지고 있다.

“새벽 3시 채무자를 감금 폭행하는 폭력범 3명을 대전에 출장하여 은신처에서 범죄를 저지르던 현행범을 체포했습니다.”

잠을 못자며 검거과정의 두려움을 이기고 헌신적으로 출동했던 형사 강력팀장의 전화소리에 가슴을 쓸어내린다. 제발 모든 분이 안전하고 사고 없는 행복한 사회를 위해서,

교도소 출소한지 1년 된 강도 상해범

11월의 첫 주말이다. 오색 빛깔로 겨울을 준비하는 나무들이 바람에 흔들린다.

아침부터 추운 비가 내리고 또 다른 계절을 준비하느라 분주하다.

며칠전 새벽 1시경, 24시간 운영하는 해장국집에 칼로 위협하고 현금을 강취한 사건이 있었다. 모든 형사들이 긴급 배치되고 수사에 돌입, 하지만 그날 밤 9시에 인근 미장원에 칼을 들고 여주인을 위협, 칼로 손등을 찌르고 현금 40여만 원을 강취한 사건이 또 발생했다.

열명도 안되는 외근 형사들을 전원 소집하고 순찰차로 주요목을 막고 전직원이 초비상, 하지만 신고가 접수 되었을 때는 사건 발생 20여분이 경과한 시점이라 현장에서 범인을 검거 하기는 불가능 했다.

지구대나 파출소 민원실에서는 찾아오는 주민에게 먼저 인사하기, 진지하게 듣기, 자세히 설명하기, 한번 더 방문하기라는 주민 만족 4계명을 실천하고 있지만 이러한 강력 사건은 피해자를 안심 시키고 범인을 반드시 검거한다는 확신을 주기 위해 적극적인 조치를 다하였다.

사건 발생 후 36 시간 만에 주변 CCTV 상에 통과 차량 천여대를 압축하고 현장 상황을 관찰 한 바, 이번 연속사건은 동일범으로 확신하고 수사했다. 면밀한 수사 끝에 사건 시간대에 동 시간 움직인 차량으로 압축하여 부산에 주소지를 둔 차량 소유주를 찾아 낼 수 있었다. 차량 소유주를 압축하여 소유주와 친척이 되는 살인등 전과, 동일 수법 혐의가 있는 용의자를 특정 하였다. 15년 동안 교도소에 수감 되었다가 출소 한지 1년 되었다고 한다. 부산 주거지에 출장 간 외근 형사들이 잠복, 용의자를 검거하고 범행에 쓰인 칼, 장갑 등을 압수 하였다.

연속 강도사건이 발생한지 3일 만이다. 결과적으로 연속범행으로 수사단서를 확보하여 검거할 수 있었다. 내일 대전 구치소로 구속 송치, 종결할 예정이다.

금년도 세종지역에는 4건의 살인사건, 금은방 특수절도 등 강력 사건과 행정 복합도시 건설구역에서 절도사건이 많이 발생하였지만 대부분 해결하였고 미제 사건은 건설지역내 강도사건

1건과 다액 횡령사건 용의자를 모두 특정하여 추적수사 중에 있다. 용의자 사진 전단지를 전국에 배포하고 수사 중에 15일 만에 검거 구속하였다.

사건의 조기 해결과 신속한 범인의 검거는 경찰서 전 직원의 사기에 영향을 주고 지역 주민들에게도 안심과 안전, 경찰에 대한 신뢰와 직결 된다.

경찰은 범죄 척결자로써 완벽한 임무수행과 더불어 다양한 주민들의 삶의 문제를 해결해 주는 문제 해결자의 역할도 수행해야 한다. 하지만 무엇보다도 범죄를 제압하는 최상의 무기는 각 기능과 유관 단체의 협조 속에 신속히 범인을 검거 하고 연속 범죄를 막고 법의 심판대에 세우는 일일 것이다.

통계상 일반 강력범죄는 교도소 출소후 재범율이 46%정도라

하고 아동 대상 성범죄는 70%에 이른다고 한다. 우리나라는 작년말 45,690명 정도가 11개 전국 구치소 교도소 40개소에 수감되어 있고 10만명당 약 96명의 수감율로 세계 152위의 수감율(0. 96%) 수준이라 한다.

미국은 10만 명당 730명으로 세계 1위라 하는데, 전 세계 각국이 교도소를 갓 출소한 재범자들에 대한 관리에 어려움을 겪는 것으로 알려져 있다.

경찰도 우범자 관리를 위해 향후 경찰관 500여 명을 증원 한다 하는데, 교정당국과 함께 누범, 재범자에 대한 정책적 점검이 필요한 시점이라 생각 한다.

며칠 전 언론에 국내에는 외국인 수형자 1500 여명이 있는데, 천안 외국인 전담 교도소는 세계 최초의 5성급 교도소라는 외국 언론기사를 소개하며 외국인 수형자에 대한 특별대우를 비판한 기사를 보았다. 한끼 식사가 3800원으로 우리나라의 군인, 의경 급식단가의 두배에 이르는 처우를 받기 때문에 체포될 위험을 두려워하지 않는다고 비판했다. 많은 예산이 지원되는 만큼 수용자의 인권증진과 더불어 복역 후에 사회에 적응할 수 있는 교도소의 적극적인 교화와 교정 프로그램이 필요 하다는 여론이다. 교도소에서 흉포한 범죄를 저지른 수용자들의 관리에 어려움을 겪는 열악한 교정당국의 여건은 이해되지만,

사회 안전과 일상의 행복을 위협하는 범죄를 예방, 제압하기 위해서는 경찰의 순찰과 점검만으로는 미흡하다. 교정당국과 유관기관, 지자체, 복지 행정부서등 모든 기관과 사회단체 유기적인 협조가 필요 하지 않을까?

교도소에서 나오니 할 일도 없고 생계도 어렵고, 노동일을 해보니 힘들고 수입도 얼마 되지 않는다며 범행동기를 태연히 진술하는 피의자, 범죄는 밉지만 범인은 미워하지 말라는 말이 생각났다.

교도소와 경찰서를 내 집처럼 반복해서 드나드는 수많은 범죄인의 모습에서 체계적인 교정과 이들이 출소 후 사후 대책이 필요하다는 생각을 해 본다.

월남 가서 살아 돌아 왔는데

이글은 1966년 자유민주주의와 국익을 위해 베트남에 파병되어 사선을 넘으며 젊음을 바치셨던 장인 어르신의 글을 실었다.

참전 후유증으로 각종 질환에 시달리고 계시지만 국가 보훈 자격은 주어지지 않고 있다. 울분을 삭이시며 들려주시는 그 분의 사연을 실었다.

빠 아 빵,
부산항 3부두 1966년 한 겨울 아침
뱃고동이 울고 있다.

니 애비 부거라이
순님아 잘 있거라이
엄니, 잘 사이소

이제 가면 이 땅 다시 밟을까
쌀 가마보다 무거운
서러운 사연 가득한 완전 군장 마대에
항구옆 아무렇게 핀 들풀사이
흙 무덤 하나 가득 실으며
마지막 조국에 입 맞추었다.
집채만한 파도의 하얀 아가리에
사십일간 배멀미 구역질을 쏟아 붇고
세상에 태어나
이리 더운 나라
이리 젖은 나라
이리 찢긴 나라
월남에 내렸다.

폭염과 호우같은
폭음과 총소리가 범벅 된 날마다
우리 부대는 열대 우림에 번득이는 베트콩의 살기속에
생명을 맡겼다.

제발 살아있게 해 달라는
간절한 기도가 두려움을 이기고
사람으로 이 세상에 태어나
극한의 공포를 이긴 강한 젊은 생명들

엄니, 보고파요
누나야 어디 있니

꿈엔들 잊일리요,
내 고향 땅, 그 마을
죽음의 문턱에서 어른거린 삼년 만에
다시 돌아와 부산항에 엎어져 한없이 울었다.

외로운 갈매기만
홀로 날며 나를 반기고
보급소 사무실서
무표정한 도장을 받을 때도
아무도 쳐다보지 않는 쓸쓸한 귀로였지만
살아 있는 기쁨이 하늘을 날았다.

남의 집 머슴살이
암울한 보리고개를
지게지고 넘으시던 아버지는
십년 새경을 못 된 놈들 도박판에 날리시고
마지막 기회라며
큰 아들 목숨 값
월남에서 꾸겨넣은 뭉칫 돈 다발을
내가 돌아 온 저녁나절 노름판에 다 쳐 넣으시고
화병으로 삼년만에 돌아 가셨다

가족들 줄줄이 나만 쳐다보니
월남보다야 낫다면서
사십년간 소처럼 일하며

아버지 노름빚도 다 갚고
아들, 딸 학교 보내고 시집보냈다.
이제 칠십 문턱 지금에도
고통스런 삶의 응어리처럼
장딴지에 남아 있는 파편자국이
밤마다 고엽제 가려움에 피멍이 들고
잠 못드는 밤마다 당뇨병에 침침하더니
한쪽 눈은 벌써 실명이란다
대전 보훈 병원에
고엽제 등급 받으러 벌써 네 번째 들락거리지만
아직은 아니란다.
몸이 뭉개져야 확진 판정이란다.
확진 받아 국립묘지 묻히는 게 오직 소원이다.

사는 것이 이리 힘들까?
조국에 헌신하고
가족을 부양하고
인생을 다 바쳤건만
병든 몸, 아픈 상처
그리고 밀려드는 후회만 남았다.

하지만 자랑스럽다
죽음과 한판승을 벌였던
내 용감한 월남 참전
빛바랜 전우와의 사진을 보며

언젠가는 내 아이들이
나를 기억할 것이니
내 인생에 마지막 남은
훈장 같은 몸의 상처를
아마 염을 하는 그때는 모두가 보겠지
살아서는 보이고 싶지 않다
내 죽으면 자랑스럽게 추억해 다오
꼭 국립묘지에 묻히게 해다오.

– 조국의 안전과 번영을 위해 참전하셨던 분들의
건강과 행복을 기원합니다. –

장애인은 우리의 진정한 친구

온 국민의 관심속에 국가 균형발전과 지방분권의 상징인 세종특별 자치시가 7월 1일 출범했다. 10여년의 우여곡절속에 행정중심복합도시로 50만 규모의 세종특별자치시를 계획하며 전국 17번째 광역 자치단체로써 첫발을 밟았다.

465km2 면적으로 서울시 규모의 75% 면적에 인구는 12만명으로 시작했다.

국무총리실을 포함한 9부 2처 2청 36개 정부 출연 기관들이 금년부터 2014년까지 연차적으로 세종특별 자치시에 입주한다. 총 23조 규모의 건설 예산중에 8조 9천억 원가량이 집행되어 35%의 공사 진척률을 보이고 있다고 한다.

세종특별 자치시의 치안책임을 맡은 세종경찰도 지난 6월 29일 개청식을 시작으로 인력 확충과 편입지 치안 인수, 각종 표지 및 관련 서식 개정 등 차분히 준비하여 정상적으로 안정된 치안을 확보하고 있다. 특히, 세종경찰 출범에 보내주신 격려와 사랑에 감사드린다.

오늘은 사회생활에 어려움을 겪고 있는 사회적 약자인 장애인에 대한 보호와 안전활동에 대해 살펴보고 싶다.

전국 장애인은 268만 명으로 5.61%를 상회 하고 있으며, 충남은 131,108명으로 전체 인구의 6.23%를 차지하고 있으며, 3급 이상 중증 장애인이 52,315명으로 39.9%를 점하고 있다. 세종 지역은 5,900여명으로 전체인구의 5.4%의 비율을 보이며 등록이 안 된 독거장애 노인 등을 감안하면 그 숫자는 더 많으리라 생각 된다.

장애인의 안전 확보, 사회 참여와 일자리 확충은 경찰과 지역사회의 당연한 책무이고 범죄와 사고에 취약한 장애인을 배려하는 치안활동은 경찰의 당연한 의무라 생각 한다

세종경찰에서는 충남경찰의 장애인 안전 보호활동에 발맞추어 장애인이 진정 필요한 것이 무엇인지 파악하고 권익 증진을 위한 맞춤형 치안 시책을 개발하여 장애인의 안전을 위협하는 성범죄 등 각종 범죄와 교통사고 등 요인을 사전 예방하고 교육과 홍보를 계속하면서 이분들에 대한 존중과 배려, 따뜻한 치안활동을 적극적으로 전개하고 자치단체와 지역사회단체와 긴밀한 협력 체제를 구축하는 치안 시책을 강구 하고 있다.

장애인 이동권을 보장하는 횡단보도 등 시설 개선과 전용 주차 시설, 보도턱 낮추기 등 배려와 존중을 실천하고 있다.

오래전 영화 오아시스를 보면서 눈물 훔치던 안타까움, 영화 도가니를 보면서 분노하던 기억을 되살리며 전 경찰관들이 인권과 인간의 존엄성을 다시금 생각 하면서 이분들에 대한 정성을 다하는 치안시책을 강조 하고 있다.

세종시 지역에는 교통 시설물을 새로 설치 할 때는 장애인이 이용할 수 있는지를 우선 고려하고, 장애인이 단체로 살고 있는 시설에 대한 방범 진단과 인권 침해 사례수집과 예방활동, 장애인 가출인, 실종자에 대한 적극적인 찾아주기를 시행 하고 있다. 장애인이 일하는 제조업체를 방문하여 의견을 청취 하거나 7개 관련 장애인 단체와 긴밀히 협력하는 MOU를 체결하여 세종시청, 교육청, 보건소가 함께 하는 장애인 보호, 안전활동을 추진하고 있다.

가장 필요한 시책은 장애인들이 자활하고 스스로 살아갈 수 있어 삶의 보람을 찾을 수 있도록 하기 위해 이분들을 많이 고용 하도록 고용업체나 이분들이 생산한 물품을 구매해 주는 사회적 공감대가 필요하다고 생각한다.

충남경찰에서는 지난 7월 6일 중증 장애인이 생산한 물건 팔아주기 바자회를 개회 하여 1억4천만 원 상당을 현장 판매하여 장애인 생산 물품의 판로를 모색한 바 있다.

일반적으로 장애인이 생산한 물건은 질이 떨어진다는 선입견과 달리 매우 우수한 것으로 평가 되고 있다.

충남경찰청은 지난달 전국 최초로 노인장애인계를 신설하고, 장애인 단체와 업무협약 체결 및 전 경찰서에 장애인 전담경찰관 지정 등을 통해 장애인의 안전 확보와 권익증진에 힘쓰고 있다.

관련 언론 보도내용에 보면 ,충남지방경찰청은 6일 오전 청사 상무관에서 장애인들의 고용 촉진과 자립기반 지원을 위해 중증장애인 생산품 구매 박람회를 개최했는데 이날 행사에서는 사회취약 계층인 중증장애인들이 근무하는 도내 19개 생산 및 판매업체의 물품을 전시하고 판매했다.

주요 판매 품목은 공공기관에서 사용하는 복사용지와 화장지, 문서파일, 봉투 등 각종 사무용품과 서림 직업재활원의 장갑, 공주정명학교의 도자기, 두리사랑 작업장의 제빵류 등이다.

이번 행사에는 충남경찰청 소속 전 경찰서와 충남도, 충남교육청, 대전지방국세청, 대전지방국토관리청, 농협충남지역본부, 충남대병원 일반 시민들이 대거 참여했다. 〈관련기사〉

이제 선진국으로 삶의 질이 높아진 우리나라는 그동안 소외되었던 장애인에 대한 배려와 적극적인 보호, 일자리 만들기, 삶을 스스로 개척해 가도록 자립과 자존감을 세워 가도록 도와주어야 하지 않을까?

장애인들이 힘들어 할 때 손을 잡아 주고 눈비가 내릴 때에는 가림막 역할을 해줄 수 있는 따뜻한 경찰로 장애인과 비장애인이 함께 어울려 행복하게 잘 살아가는 나라를 만들어 가야 하지 않을까?

장애인 주거지에 대한 안전활동, 장애인 대상 성범죄와 인권침해 방지, 가출, 실종 장애인 신속 발견체제 구축 등 새롭게 시작하는 세종경찰은 다양한 경찰활동 중에서도 장애인을 배려하는 치안시책에 좀 더 세심 하게 노력할 것이다.

성경말씀에 아흔아홉 마리 선하고 문제없는 양보다 한마리 잃어버린 양을 찾아 배려하는 것이 진정한 사랑이라는 것처럼, 소수이지만 어려움에 처한 사람을 진정으로 배려하는 것이 사람 사는 세상, 사람향기 나는 세상이 아닐까?

산업현장의 외국인 근로자는 우리의 동반자

글로벌 사회가 진전 되면서 연간 외국인 관광객 1천만 명, 국내 거주 외국인 130만명 시대에 살고 있다. 한국인의 해외 거주도 6백만 명에 이르는 등, 범 지구촌화 시대에 외국인과 관련하여 사건 사고와 범죄, 다문화 가정에서 생길수 있는 다양한 삶의 모습들을 생각해 본다.

이처럼 지구촌화 시대는 전 세계적인 추세이며 앞으로 더욱 가속화 되리라 생각 된다.

특히 외국인 근로자를 살펴보면, 이들은 국내에 체류하며 각종 현장에서 우리 근로자들을 대신하여 일을 하며 임금을 받는 세도권 취업사와 산업 기술 연수생, 그리고 불법 체류자를 통칭하여 부르는 말인데 현재 불법체류 근로자가 49,958명에 이른다. (출입국 관리소 5. 31 통계)

전국적으로 외국인에 의한 범죄는 2003년도 9,103건에서 2010년도 22,543건 2011년 26,915건 등 8년 만에 범죄건수로는 3배를 상회하여 증가 하고 있다.

범죄의 양상도 지난 수원에서 중국인 오원춘의 한국인 납치 살인사건 등 내국인을 공격하는 사례가 발생하고 있으며 살인, 강간, 폭력 등 중범죄가 많이 발생하고 있다.

외국인이 느끼는 문화적 이질감과 한국사회에 쉽게 적응 하지 못하는 다양한 요인이 범죄 원인으로 판단되고 있다.

세종특별자치시에도 등록 외국인은 2,475명으로 불법체류자가 342명, 건설근로자가 261명, 제조업체 근로자가 763명, 결혼이주여성 397명 등으로 거주 하고 있다. 중국인이 1,067명으로 40%를 점하고 베트남, 필리핀, 태국등 동남아 국가들이 주종을 이루고 있다.

작년에는 외국인이 저지른 범죄가 절도, 상해 등 24건이고 금년 상반기에만 살인미수, 폭행등 15건의 범죄가 발생했는데 그 양상이 점점 흉포화 되고 있다는 데에 심각성이 있다.

물론 외국인 근로자가 밀집한 안산, 구로, 수원, 인천, 화성 등에서 발생하는 외국인 범죄보다는 아직 적은 편이지만, 이들의 범죄는 지문이나 DNA 자료 등 관련 수사 자료가 부족하여 수사에 애로가 있고 각 국가별로 집단화, 네트워크화가 가속화 되는 것도 문제이다.

실제로 세종지역에는 금년 4월 22일 중국인 2명이 한국인 근로자를 칼로 찌른 사건이 있었고 금년 6월 15일에는 태국, 베트남 근로자들이 집단으로 거주하는 공사 현장 콘테이너에서 16명이 국가별로 타국인을 공격하는 집단 폭력사건이 발생하여 전원 형사입건한 바 있다. 금년 6월 28일에는 중국인 2명과 한국인 2명이 서로 시비되어 폭행하여 상해를 입히는 등 치안현장의 부담이 되어 가고 있다.

이에 세종경찰에서는 외국인 근로자 관리업체 관계자와 함께 치안 협력 간담회를 개최하여 긴밀한 협력과 자체 범죄 예방활동을 촉구 한 바 있다.

이런 가운데도 입국한지 한달 되는 외국인근로자가 야간에 유흥가를 배회하다가 지난 7월 14일에 뺑소니 차량에 사망하는 등 사건 사고가 증가하고 있는 실정이다.

가족과 친지, 친구들과 떨어져 먼 타국에 와서 문화적 충격과 소외감, 외로움이 복합되어 범죄를 저지르거나 피해자가 되는 것 같아 안타까운 마음이다.

먼 나라에 와서 힘든 일을 하면서 돈을 벌고 이 사회의 일원으로서 한 사람의 인간으로서 존중 받고 배려 받고 싶은 마음이 있을 것이다.

이들을 적대시 하거나 편견으로 바라보면 안 될 것이다. 따뜻한 눈으로 보듬고 배려하는 성숙한 시민의식이 필요 하다.

간혹 피부색이나 생김새가 다르고 한국사람이 기피하는 건설현장이나 3D 업종의 작업장에서 대부분 고된 일을 한다고 무시 하였던 것은 아닌지 돌아보아야 할 것이다.

최근 주한 외국인과 혼인귀화인을 대표하여 영화 완득이에 출연했던 필리핀 이주여성출신인 이자스민이 국회의원에 선출되어 활발히 의정활동을 하고 있는데, 외국인관련 각종 대책을 입법적으로 뒷받침하는 것은 늦었지만 바람직하다고 생각 한다.

건설현장에서는 현장작업소장들이 외국인 관리가 점점 어려워지고 있다고 말한다.

과거 동남아, 중국 등에서 고학력 엘리트 계층이 산업연수생이나 근로자로 입국했는데 지금은 현지에서 직업이 없거나 살기 어려운 사람들이 입국하는 경우가 많아 작업현장에서 각종 문제를 일으키고 폭력문화에 무감각하다는 말들을 많이 한다.

모두가 기피하는 3D 업종이나 건설 근로자들을 이들 외국인들이 채워 주어 건설과 산업현장이 구인난을 극복하고 적정하게 유지 되고 있는 현실을 돌아보고 이들에 대한 입국과 관리, 체계적인 교육과 복지 시스템이 필요 하리라 생각 된다.

단지 문제가 있고 범죄가 발생 하면 경찰이 수사 하고 범인을 검거하여 법의 심판을 받게 하거나 범죄 예방 활동만으로는 이분들의 복지와 안전, 또한 지역주민의 안전과 행복을 지키는 데에 한계가 있지 않을까 걱정 한다.

세종경찰은 외국인 결혼 이주여성을 중심으로 마미폴(Mommy pol)을 구성하고 외국인 근로자 고용 업체가 함께하는 간담회와 현장 범죄 예방활동을 계속하고 있다.

시와 Libido에 관한 단상

작년 7월 햇살같은 경찰의 꿈이라는 시집을 발간했다. 시 속에는 시심이 있고 그림이 있어야 한다고 믿는다. 시를 읽으면 그림이 그려지고 그림을 보면 시를 유추해 보아야 한다고 말한다. 혹은 평론가들은 시어의 바탕은 근원적인 인간의 욕망이 근저에 있다는 의견도 있다. 시에 대한 초기 생각들을 기록했다. 지금까지 우리는 많은 시를 읽었다. 하지만 아직도 시란 무엇인가? 이에 대한 확실한 대답을 하기가 힘든 것이 사실이다. 시에 대한 정의가 사람마다 다르고 시대마다 다른 것은 시의 얼굴이 관점에 따라서 다양하게 조명되기 때문이다. 흡사 장님이 코끼리 만지기라고나 할까. 또 문예사조 면에서 고전주의, 낭만주의, 상징주의, 유미주의 등의 관점에 따라서도 다양하게 정의될 수 있다.

시는 언어를 통해 감정을 폭발시킨 언어예술이라는 상식을 피력하면서, 여기서 시를 통해 Libido(성욕)을 발산하는 詩人의 잠재심리를 살펴보도록 하자.

시를 이해함에는 시대적 배경, 시가 발표될 때의 문예사조나 시인(詩人)의 사회적 환경 등 피상적인 현상으로, 격렬한 한 사람의 감정 표출을 미화시키는 인식론적 시감상을 배격하면서, 시를 Libido의 분출로 이해한 몇 작품을 소개하고자 한다.

많은 사람들에게 시를 읽어보고 감상을 받아보면, 예컨데 조국에 대한 향수니 조국광복에의 의지 같은 것으로 자유롭고 풍성한 시정신을 한정적인 틀 속에서만 이해하려는 오류를 범하고 있다. 시정신은 자유를 추구하며 현실과 이상과의 긴장 속에서 제3의 의미를 찾아내려 한다는 것을 생각해야 한다. 시자체의 살아있는 정신을 이해하기 위해 관념적인 도식성을 버려야 한다.

식민지시대의 작품은 무조건 조국광복이나 암담한 상황과 연결시키려는 도식 등을 경계하면서 시 감상자는 시를 접할 때 자신의 사색을 통해서 자유로운 제3의 의미를 깨달아야 할 것이다.

시 이해에서 시인의 Libodo가 시어의 구성에서 어떤 이미지를 그리고 있으며 어떤 상징으로 표출되는지 작품을 통해서 나타내고자 한다.

먼저 윤동주 시인의 자화상을 소개한다.

산모퉁이를 돌아 논가 외딴 우물을
홀로 찾아가선 가만히 들여다 봅니다.
우물 속에는 달이 밝고 구름이 흐르고 하늘이
펼치고 파아란 바람이 불고 가을이 있습니다.

그리고 한 사나이가 있습니다.
어쩐지 그 사나이가 미워져 돌아갑니다.
돌아다가 생각하니 그 사나이가 가엾어 집니다.
도로가 들여다보니 그 사나이가 그대로 있습니다.

다시 그 사나이가 미워져 돌아갑니다.
돌아다가 생각하니 그 사나이가 그리워집니다.

우물 속에는 달이 밝고 구름이 흐르고
하늘이 펼치고 파아란 바람이 불고
가을이 있고 추억처럼 사나이가 있습니다.

자화상이라는 시의 이해에 있어서 기존의 많은 詩人들의 해석을 보면, 연민과 자책의 단면이 자화상으로 나타났다고 한다.

나르시스가 우물을 들여다 보듯이 윤동주는 우물을 들여다보면서 우물 속의 자연을 보고 인식의 주체로서의 자아(自我)를 눈뜬다.

자신의 과거를 투영시킬 수 있는 우물은 그의 고향 용정(龍井)을 상징한지도 모르겠다. 그 속에 비친 자연은 자기의 일그러진 얼굴이다. 이상과 현실은 그렇게 먼 것인가의 고민, 이상과 현실의 괴리, 그래서 연민의 늪에서 허우적 댄다. 냉철한 자신에의 연민과 울분이 짙은 배경으로 깔려 있다.

또 다른 시인(詩人)의 해석을 보자. 윤동주는 우물 물위에 비친 자신의 모습이 처음에는 싫어졌다가 결국에는 그리워져서 돌아오게 된다. 우물은 깊고 음험한 분위기를 풍겨 그곳에 비친 자신의 얼굴이 선명했을 리가 없다.

대개 우물은 자궁이나 음기의 상징으로 해석되곤 하는데, 우물이 갖는 신비스러우며 무시무시한 분위기 그리고 물이 주는 생식적인 느낌들이 자궁회귀 본능이나 욕망을 상기시켜 줄 수 있다.

인간의 원초적인 본능이 가득한 육체적인 욕망은 어둡고 긴 터널을 연상시키며 또 물의 기운을 느낄수 있고 품고 있어 우물의 이미지와 비슷한 느낌을 받는다.

윤동주는 우물이 지나는 이러한 에로틱한 분위기 속에서 잠재의식 속의 분출하는 관음증적 나르시즘을 느낀 것일 수도 있다.

이 시의 주된 심상은 우물을 들여다보는 젊은 청년의 모습이며 가장 중요한 심리적 구조는 "엿볼 때(들여다 볼 때)" 느끼는 쾌감이다.

윤동주의 시어에는 「단 한 여자도 사랑한 일이 없다」가 있으며 실제로 여자에 얽힌 얘기가 없다. 여자를 사랑한 일이 없는 윤동주는 스스로의 본능적인 충족은 감행하지 못하고 늘 남을 엿보면서 스스로 본능을 달래는 슬픈 사랑의 소외자였다는 시각도 있다. 그래서 윤동주는 Libodo의 직접배출이 아니라 시를 통해 대리배출을 한 것이리라는 시각도 있다.

다음은 너무도 유명한 김소월의 '진달래 꽃' 을 보겠다.

가 보기가 엮겨워
가실 때에는
말없이 고이
보내 드리오리다.

영변에 약산 진달래 꽃
아름따다 가실 길에 뿌리우리다

가시는 걸음걸음
놓은 그 꽃을
사뿐히 즈려 밟고 가시 옵소서

나 보기가 역겨워
가실 때에는
죽어도 아니 눈물 흘리우리다

지금까지 일반적 해석은 고려가요 "가시리"의 전통을 잇고 있는 대표적인 이별의 노래라던가, 이별의 슬픔을 체념으로 승화시켜 극복하고 있는 아가페적인 사랑의 노래라는 것이 주류를 이루고 한(恨)을 도입 애이불비(哀而不悲)의 개념으로 이해되기도 하였다. 여기서 시인의 Libido의 대리배출을 위해 시어가 쓰여졌다는 다른 해석도 있다. 옛부터 꽃은 아름다운 여성의 상징이고 게다가 진달래꽃은 더욱 요염한 여성의 상징이 될 수 있다. 시의 주인공은 님과 헤어지더라도 밟히고 싶어하다. 마지막까지 님과의 격렬한 사랑을 꿈꾼다.

사회적 윤리와 도덕적 억압 때문에 겉으로 드러낼 수 없으나 강한 충동의 Libido가 꿈틀거리고 있다. 피가학적인 황홀경을 갈망하고 있는것은 아닌지 시어는 상징할 수도 있다.

이상에서 살펴본 바와 같이 Libodo가 시창작에 작용하였는지를 살펴보았다.

정신분석 심리학자인 'Freud'는 인간행동의 근원은 Libido라는 극단적인 표현을 빌리지 않더라도, 격렬한 시인의 일생에서 강한 Libido를 발견할 수 있음은, 그리고 젊은 나이에 요절한 많은 시인을 보거나 예술가의 모습에서 Libido에 대한 적극적이고 솔직한 표현을 많이 볼 수 있다 사회적인 인습과 도시에서 벗어나서 인간의 내면에서 꿈틀대는 Libido의 모습을 인정해주는 문학과 예술의 이해는 어떨른지 문득 생각난다.

굳 윌 '헌팅' 영화를 보고 난 잔상

좋은 영화는 감동을 준다. 많은 영화중에서도 사람 이야기를 다루는 영화가 좋다. 무더운 늦여름이 지나고 신선한 바람이 계절을 재촉하는 그런 어느 가을밤에 영화 한편을 보고 잔잔한 감동을 느꼈다. 평소 영화를 좋아하는 집사람이 한번 같이 보자고 내민 미국 유니버설 사에서 제작한 가족 비디오 한편…….

사람의 천재성은 어디까지인가?

과연 천재는 존재하고,

어떤 사람을 천재라고 할 수 있는가?

이러한 의문들을 이 영화는 환한 믿음으로 보여주려 했다.

영화의 전편에 흐르는 메시지는 어린시절의 학대받은 기억이 성장해서 어떻게 인격형성을 하는가를 보여주고 있다.

살아가면서 우리는 아동학대와 학교폭력, 가정폭력의 폐해를 목격하게 된다. 그것은 인간을 병들게 하고 그 피해는 단지 육체적 고통으로 끝나는 것이 아니고, 바로 우리 자신을 파멸시키는 것이며 10~20년 후 성인이 되었을 때 삐뚤어진 성격이 되어 사회 안정을 해치는 위험인물로 나타나게 한다.

이 영화는 가정교육의 중요성 특히, 어린 시절 가정교육의 중요성이 얼마나 큰 것인지 알 수 있게 해준다. 이 영화에서 주인공 '윌' 은 어린 시절 의부 밑에서 구타와 학대 속에서 성장하여 성격 형성에 많은 장애를 느낀다.

비록 천재성을 가졌을지라도 그러한 천재적인 자질이 사회적 억압으로 인해 올바르게 표출되지 못하고 각종 비행으로 표출되고 있었다.

램보 교수의 노력으로 '윌' 은 정신적 치료와 함께 훌륭한 사회적 일원으로 성장하게 된다. 그런 과정에서 램보 교수의 헌신적인 도움은 놀라운 것이었다. 모든 것을 책임지고 열과 성을 다하여 도와주는 자세는 모든 교육자들의 귀감이 되고 있다.

영화의 후편에서는 비행소년이 어떻게 천재가 되어 가는지를 잘 보여주고 있다. '천재는 저절로 되는 것이 아니고 부단히 만들어지는 것이란 것과 기본적인 천재성이 어떻게 발현되는가' 하는 다소 철학적인 문제들이 영화의 후반부를 이룬다.

학문적인 업적을 드높이고 인류의 생활에 크게 이바지 한 아인슈타인과 에디슨 등을 우리는 천재로 꼽는다. 그들도 인생에서 성공하기 위해 많은 노력을 했다. 그런데 결과적으로 그들이 세계적인 과학자가 되고 세계의 문명을 변화시킨 위대한 인물로 기억되는 이유는 무엇인가? 그들은 자기 노력도 많이 하였지만, 그보다는 천재성을 타고난 것을 주위 환경이 잘 발현시켜 천재를 만들었다는 생각이다.

얼마 전 전주에서 흥부가를 완창 하였다는 7세 어린이가 화제가 된 적이 있다. 그는 천재임이 분명하다. 음악의 신동 모차르트처럼 천재성을 타고난 것이 확실하다.

우리는 한 세기에 1명이라는 천재의 출현에 지극히 인색한 것이 사실이다. 천재는 우연히 만들어지는 것이 아니고, 주위에서 올바르게 키워주고 보듬어주는 정성이 필요하다.

일본 유치원에서는 대부분 유아들에게 글쓰기나 숫자 계산등 조기 교육보다 달리기, 단체활동, 단순놀이를 통해 재미를 배우고 자연을 가르친다.

이처럼 이 시대에 천재의 인격형성을 위해 진정 필요한 것은 올바른 교육자의 자세와 교육환경에 대한 올바른 이해가 필요하지 않을까?

어린 시절의 기억이 성인이 되어서도 나쁜 영향으로 평생을 짓누르는 아픈 상처임을 알고 있다. 자라나는 청소년들에게 포돌이 · 포순이 소년단을 만들어 그들로 하여금 사회생활을 배우고 인생을 알게 하는 것은 얼마나 큰 보람인가.

연일 학교폭력과 왕따 인성교육결핍이 언론에 보도되고 있다. 학교안전에 대한 보다 적극적이고 정성을 다하는 선생님과 경찰, 지역사회의 노력을 기대하고 있다. 미래의 대한민국을 책임질 학생들에게 사랑을 배우게 하고 창의와 천재성을 끌러내도록 해야하지 않을까?

많은 사람들이 이 영화를 보았으면 한다. 잔잔한 감동, 강한 메시지, 일상생활을 담담히 표현하는 연기자들의 표정 연기. 이 모든 것이 어우러진 '굳 윌 헌팅'.그리고 우리를 생각하게 하는 이 영화를, 그리고 최근 파바로티라는 영화도,

귀뚜라미가 전해주는 아름다운 가을밤에 온 가족이 둘러앉아 가족 비디오로 감상하는 것은 어떨는지…….

천재는 혼자 천재일 수 없다. 천재를 만드는 것은 주위의 환경과 그를 이루는 사람들이란 것을, 그리고 건강한 가정이 건강한 사회의 밑거름이 된다는 사실, 한 해 버려지는 아이와 세계 고아수출 1위라는 한국 사회의 현실, 연간 10만 쌍의 가정이 해체되고 보호시설에서 불우한 어린 시절을 보내는 아이들이 우리 주위에는 많다.

그들에게 참된 사랑과 관심이 범죄를 예방하고 안전사회의 시작이다. 4대악 근절로 안전한 사회 국민 행복시대를 위해서는 건강한 가정과 청소년과 어린이에 대한 진정한 관심과 사랑이 바탕이 되지 않을까?

음성 꽃동네를 다녀와서

충북 음성군에 있는 음성꽃동네에 다녀올 기회가 있었다. 음성꽃동네는 거지신부라고 불리며 소외된 분들을 위해 일하는 오웅진 신부가 설립한 곳으로 오갈 데 없는 무연고자 신체장애인들이 행복한 삶을 살고 있는 곳이다. 있다. 국가나 공공기관에서 해주어야 하는 일을 한 사람의 신부가 했다는 것은 높이 평가할 만한 것이다.

1992년에 꽃동네 회원으로 가입하였다. 음성 꽃동네는 초창기 개장 할 때와 비교하여 엄청나게 발전한 것이 사실이다. 대지와 건물을 확장시켰고 자원봉사자도 많이 확충되었다. 그리고 사회의 어두운 곳에서 남 모르게 소외된 사람들을 위해 일하는 많은 사람들이 존경스럽다.

IMF의 위기와 세계적인 불황을 겪으며 물질문명의 범람속에

사회가 점점 각박해지고, 각종 범죄가 증가하고 있다. 작은 인정은 메말라가고 소외되고 병든 사람들에 대한 관심도 점점 희박해져 가는 것이 안타깝다.

이런 때일수록 소외된 이웃들에게 절실히 관심이 필요하다. 음성 꽃동네에서 하루 봉사활동은 정말 유익한 것이었다. 나보다 못한 사람들에게 작으나마 관심을 갖는것, 그리고 정부나 공공단체에서도 소외된 사람들에 대한 관심을 높여야 한다. 모든 것을 민간에게 맡기기보다 정부에서 앞장서서 해결하도록 노력해야 한다.

과연 우리는 남을 위해 얼마나 배려하며 살고 있는가. 저소득층 빈곤 문제의 많은 부분을 민간과 단체에서 맡아서 처리하는 경우도 있다.

나보다 못한 사람. 어려운 사람, 장애인, 노약자 분들에 대한 배려와 봉사를 우리는 얼마나 실천하고 있는가.

충북 음성을 지날 때면 나는 꽃동네의 맑은 바람 그리고 시원한 인심이 생각난다.

짧은 우리 인생. 작은 것에서부터 이웃을 배려하며 사는 삶이 멋있지 않을까?

성당을 지날때 마다 울지마 톤즈라는 영화같은 헌신의 삶을 살다가 가신 고 이태석 신부님의 미소가 떠오른다. 그리고 모든것을 어려운 이웃에게 주고 떠나신 한경직 목사님도 생각나고 영원한 김수환 추기경님, 무소유를 실천하신 법정스님, 세상은 살만하고 사람향기가 진한 많은 분들이 있어 삶은 외롭지 않은가 보다.

2장

안전한 치안 인프라는 사회 자본

안전한 치안 인프라는 지방도시의 경쟁력이다.

오늘날 세계 각국은 과거의 통제(統制)중심, 중앙(中央)중심, 관(官)중심, 규제(規制)중심의 패러다임에서 협력(協力)과 소통(疏通), 민의(民意)와 자율(自律), 분권(分權)과 지방(地方)중심의 패러다임으로 발전하고 있다.

우리나라는 1989년 지방자치법이 제정되었고 1994년 제1기 민선 지방자치단체와 지방의회가 출범하였다. 지방자치는 "풀뿌리 민주주의, 민주주의의 학교"라고도 불리는데 오늘날까지 20년째 지방자치가 정착되면서 선거비리, 토착비리, 선심행정이라는 부정적인 단면과 시행착오도 있었지만, 지역발전에 대한 기대는 높다.

2009년도 사상 초유의 글로벌 경제위기 속에서도 경제 살리기와 일자리 창출에 지방자치단체들의 노력이 주목받았으며,

이제 민선 5기를 맞이하는 지방화 시대에 선출과정의 투명성과 공정성 못지않게 국제적 위기상황에서 지방을 둘러 싼 대외적 어려운 환경을 슬기롭게 극복할 리더십이 필요한 시점으로 생각된다.

따라서 내년 선거는 어느때 보다도 공정하고 깨끗한 선거로 지방을 발전시킬 열정과 능력을 갖춘 참 일꾼을 선출하는 선거가 되기를 기대한다.

이처럼 지방자치가 무르익은 본격적인 지방화시대를 맞이하여 지방의 경쟁력 중 가장 중요한 요소는 무엇인지 고찰해 보고 경찰활동으로 창출되는 안전한 치안인프라를 구축하기 위한 협력치안의 중요성을 생각해 본다.

정보화 시대의 진전과 함께 세계 경제는 국경 없는 무한경쟁에 돌입했고, 분권과 지방화, 신속함과 이동성이 새로운 트렌드로 가속화되고 있으며, 경쟁력 있는 도시가 세계도시로 발전하며, 지방도시가 한 국가의 틀을 넘어 세계시장과 경쟁하는 시대에 돌입했다.

국내에는 지방화 시대를 활짝 여는 민선 6기의 출범을 앞두고 있지만 지방분권 확대, 국가균형발전, 행정구역 개편, 세종시 건설, 4대강 정비개선사업 등 국가적 현안들이 지방의 입장과 조율하면서 갈등의 모습을 보이기도 한다.

경쟁력 있는 지방, 살기 좋은 지방 도시를 만들기 위한 선결

조건은 무엇인가?

전문가들은 살기 좋은 지방도시를 결정하는 평가요인은 첫째, 일자리가 많고 경제적으로 풍족한 경제적인 요인, 둘째 교육, 의료, 문화, 환경 등 환경적인 요인, 셋째, 교통여건, 치안 인프라, 복지 등 사회 자본요인을 열거하고 있다.

이러한 경쟁력 있고 살기 좋은 도시라는 대내외의 평가요인은 우선순위가 있는 것이 아니라 상호 조화와 균형 속에 각 요소들은 상호간 시너지(Synergy) 효과를 발휘하고 있으며 한가지 요소의 결함만으로도 살기 좋은 도시라고 할 수 없다.

무엇보다도 경쟁력 있고 살기좋은 지방도시를 만들기 위해서는 경제적 풍요가 넘쳐나는 도시 브랜드를 가지고 도시의 차별적 이미지가 부각 되어져야 한다.

범죄와 사건과 사고, 재해로부터 주민의 생명과 재산의 안전이 완벽히 보장되고 부득이 각종 피해를 당하면 신속하게 구호되어 추가 피해가 없도록 원상회복 될 수 있는 치안 인프라의 구축이 중요하다고 생각한다.

이와 관련한 사례는 2010년 남아공월드컵대회의 성공을 가로막는 가장 큰 장애 요인이 불안한 치안과 강·절도의 기승, 교통사고의 빈발과 교통체증 등 치안 관련 사회 자본이 매우 부족한 것이 걸림돌로 제기되고 있었다. 테러와의 전쟁이 진행중인 아프간, 이라크 등 성장 가능한 도시들이 안전없는 폐허 속에서 신음하고 있다.

또한 소규모 반군과의 크고 작은 교전이 진행중인 필리핀, 과테말라, 소말리아 등 치안이 불안한 국가에는 외국인 투자가 부족하고 국가 발전이 매우 느리다.

이런 점에서 국가와 지방도시 경쟁력의 주요 요인은 안전한 치안 인프라라고 할 수 있겠다. 오늘날 미국 뉴욕시는 인구 800만의 세계 금융, 상업, 문화, 경제 중심 도시로 자리매김하고 있다.

하지만 1990년 이전 뉴욕시의 경우에는 살인, 폭력, 강절도 등이 빈발하여 범죄와 무질서한 도시라는 오명을 가지고 있었다. 당시 뉴욕지방정부는 경찰예산 삭감과 경찰관 봉급동결, 경찰 노후장비의 방치 등 무관심했었다.

45,000여 뉴욕경찰의 사기는 매우 저하되어 있었으며 안전한 도시에 대한 비전과 열정도 부족했다. 이를 개선하기 위해 당시 줄리아니 뉴욕시장은 1994년 2월 브래튼 뉴욕경찰청장을 임명하였다.

브래튼 뉴욕경찰청장은 재임 2년간 지방정부의 협조를 이끌어 내는 외부개혁을 통한 인식의 전환과 내부 조직원의 체질 개선을 강하게 추진하여 도시의 안전지수를 획기적으로 개선하였다.

'깨진 유리창 이론'으로 대표되는 사소한 법질서 위반도 강하게 처벌하여 시민들의 법질서 의식을 높였다. 언론을 통해서도 뉴욕시 지방정부와 범죄소굴이라는 뉴욕시 이미지를 개선해야 한다는 공감대를 이끌어 냈다.

이를 바탕으로 지하철, 건물, 도시 관리 운영에서 CPTED기법(환경디자인을 통한 범죄 예방 기법, Crime Prevention Through Environment Design) 적용과 CCTV 등 과학 치안 인프라를 확대하였다. 경찰관의 봉급인상과 연금확충 등 복지 증진으로 뉴욕경찰 스스로 자부심을 갖고 부패에서 자유롭도록 처우도 개선하였다.

우수 경찰관에 대한 보상과 비리 경찰관의 과감한 처벌 그리고 적극적인 경찰 장비와 과학치안 시설에 대한 재정투자, 그리고 지역사회 경찰 활동과 협력치안을 이루었다. 시민과 경찰관의 의식 개혁과 사소한 무질서도 용납하지 않는 무관용 원칙을 조직 내외에 적용하였다.

브래튼 청장의 개혁적인 리더쉽이 바탕이 되었지만 뉴욕시 지방정부가 인적 · 물적 자원의 집중 투입으로 뉴욕경찰의 처우와 과학장비의 획기적 개선이 이루어 졌다. 이는 UN본부가 위치한 세계 경제, 금융의 중심도시 뉴욕은 지방정부에서 경찰을 운영 관리하는 지방경찰 시스템이기에 예산과 인력 · 장비를 집중 투입할 수 있어 가능한 측면도 있다.

이러한 지방정부 차원의 지원과 협력치안으로 오늘날 안전한 뉴욕시로 새롭게 불리어 졌다.

세계의 금융, 문화 경제의 중심도시의 위치를 유지하는 요인이 되었고 전 세계인이 사랑하는 도시 브랜드를 만들었다.

2001년 911테러와 최근 증가하는 치안수요를 감안해야 되겠지만 뉴욕경찰의 컴스탯(Compstat)을 통한 범죄 분석으로 20년간(1990년~2009년)을 비교해 보았다. 뉴욕전체 11개 관할구역중 특히 제 1구역인 맨하탄 남부 권역을 비교하면 살인은 87.1%(1990년 매년 124명, 2009년 16명) 감소하였고 강간은 58.5% 강도는 90.1% 야간 절도는 86.5% 방화는 74.8% 감소하는 등, 종합적으로 5대범죄가 81.4% 감소하는 성과가 있었다.

무엇보다도 가시적인 성과는 위험하고 무질서하다는 뉴욕을 안전하여 살기좋다는 브랜드를 만든 것이다. 글로벌 경제와 금융의 중심도시라는 전 세계인의 공통의 인식을 만들었다는 것이다.

이러한 성과는 경찰활동에 대한 지방정부의 전폭적인 지원으로 가능 하였다. 치안은 사회 자본으로 시민생활에 밀접하게 중요하다는 인식을 같이한 결과이다.

결론적으로 뉴욕 지방도시의 안전한 치안은 경찰만의 몫이 아니라 지방정부의 적극적인 인적, 물적 뒷받침이 중요하였음을 보여주고 있다.

영국은 1998년 범죄와 무질서법(Crime and Disorder Act)을 제정하였다. 지방자치단체의 정책결정과 예산수립에 있어 범죄와 무질서의 예방과 지역안전을 우선적으로 고려한다. CCTV 확대 설치와 운영을 위해 1994년부터 1998년까지 4,100억 원을 투입하였다. 현재까지 2만여 대의 CCTV 설치및 운영비용으로 2조 원대를 집행한다.

그 결과 오늘날 이러한 시스템은 대테러 및 범죄예방에 크게 기여하고 있으며 주요범인 검거에 결정적인 역할을 하는 것으로 분석되고 있다.

충남경찰은 2007년 5월22일 충남경찰청 천안 · 아산경찰서 천안 · 아산시 합동의 「시민안전 통합관제센터」를 설치, 운영해 오고 있다. 이의 추진을 위해 천안, 아산시의 지방예산 18억 원과 한국철도 시설공단의 부지제공으로 최초 건립이 이루어 졌다.

관제요원 인건비, 통신비, 추가 증설비등 매년 20억 원을 양

지자체에서 부담하고 있다. 현재까지 80만 천안 · 아산 시민들에게 안전하고 편안한 치안서비스를 제공하고 있다

이러한 사례는 2004년 초에 강남구청에 272대의 CCTV를 설치하여 강 · 절도를 동기간 대비 43.6%를 감소시킨 사례가 시책마련의 계기가 되었다.

천안 · 아산 지역에 통합 방범관제시스템이 설치되기 전에는 여고생 피살사건과 연이은 실종 사건, 살인 · 강도 등 강력사건이 빈발하였다.

이 지역은 위험지역으로 인식되어, 부녀자는 바깥출입을 자제하고 지역여론이 악화되었다. 결국 충남경찰의 노력으로 이러한 시스템이 설치 · 운영하게 된 것이다.

이러한 협력치안을 이끌어 내기 위해서는 먼저 2003년 1년간 이어졌던 고속철도 천안 · 아산역 명칭 선정을 둘러싼 두 지역민의 첨예했던 갈등을 조정해야 하는 문제가 있었다. 2개 지자체와 3개 경찰서의 예산과 인력관련 갈등을 조정하는 것도 어려웠다. 이를 극복하고 성공적인 협력치안으로 두 지역은 안전하고 살기 좋은 도시라고 한다.

세종 행정중심도시에도 도시 종합정보센터를 설치하여 금년 5월 준공을 앞두고 CCTV 500여 대를 적절히 활용하여 교통, 재난, 범죄예방을 종합적으로 관리 예정이다.

최근 안산, 화성, 동탄, 성남 등 급속히 성장하는 신흥 도시들

이 연쇄살인, 유괴, 강, 절도 등 흉악범죄가 빈발 하는 것과 대조적으로 천안, 아산지역은 급증하는 치안수요에도 안전한 치안을 유지 하는 것은 시사하는 바가 크다

이런 사례는 전국 지자체에서 벤치마킹 하고 있다.

세종 행정중심도시에도 도시 종합정보센터를 설치하여 금년 지자체와 경찰, 소방, LH 등이 향후 범죄예방과 시민 안전에 종합적으로 대처하는 방안을 시행 할 예정이다. 5월 준공을 앞두고 CCTV 500여대 등과 교통, 재난, 범죄예방을 종합적으로 관리 예정이다.

천안지역은 2008년도 기준으로 CCTV가 설치되고 부터 1년 전 · 후 동기간 대비해 볼 때, 살인은 58% 감소하고, 5대 범죄는 3.5% 감소하였고, 검거는 4.1% 증가하였으며, 아산 지역은 5대 범죄가 22.6% 감소하고, 검거는 13% 증가하였다.

최근 천안 · 아산 지역에 2~3년간 인구 및 치안수요가 급증한 것을 감안할 때 매우 의미 있는 성과로 평가된다. 충남경찰청은 2010년도 CCTV 증설을 적극적으로 추진하여 771개소 1,134대를 운영하고 있고, 천안, 아산지역에만 361개소 554대를 운영하고 있다.

화상순찰과 지령, 통제, 감독을 일원화하여 관제센터 내부의 모니터 상에서 범죄 예방과 현행범 검거 등 초동조치를 담당하고 있다.

물론 초상권과 개인 프라이버시를 침해한다는 일부의 우려를 불식시키기 위해 모니터와 케이블 설치는 지자체에서, 운영은 경찰에서 분담하고 있다. 전문 경찰 모니터 요원에 의해 24시간 화상순찰을 실시하면서 사생활 침해가 없도록 세심하게 배려하고 있다.

연구에 의하면 실제로 CCTV는 범죄 예방과 범인검거에 결정적인 역할을 하고 있으며 잘 알려진 대로 2008년 말 연쇄살인범 강호순 검거에 결정적인 기여를 했으며, 1980년대 화성 연쇄 살인사건도 CCTV 치안 인프라가 구축 되었다면 사전에 예방하거나 범인검거에 큰 기여를 했을 것이라는 아쉬움이 든다.

이와 같이 충남 경찰과 협력치안을 적극적으로 추진한 천안, 아산시는 안전한 도시 이미지를 바탕으로 기업유치와 산업단지 개발을 적극적으로 추진 할 수 있었으며 이는 일자리 창출 등 경제적인 풍요로움으로 나타났다.

이처럼 지역 발전과 함께 두 지역의 안전한 도시를 위한 노력의 결과가 반영되어 천안시는 2009년 10월 'WHO 국제 안전도시 인증' 을 받았고 아산시도 이를 적극 추진하고 있다.

특히, 한국 공공자치 연구원이 1996년부터 230개 기초자치단체를 대상으로 경영자원, 활동, 성과를 평가한 결과 2009년도 한국지방자치 경쟁력 조사에서 천안시는 종합부문 전국 1위, 경영활동부문 전국 2위, 아산시는 경영활동부분 전국 2위를 수상했는데 이는 매우 의미있는 대내외적인 평가로 생각한다.

지방자치단체의 경쟁력은 지역주민, 지방공무원, 자치단체장, 유관기관장들이 각자의 역할에 최선을 다한 성과이기도 하지만 충남경찰과의 적극적인 협력치안과 안전한 치안 인프라에 대한 공감대의 산물로도 생각 한다.

이처럼 천안 아산 지역의 협력치안 사례도 있지만 충남지방경찰청은 충남도와 유관기관이 함께하는 지역 치안협의회를 구성하여 2009년도의 경우에만 도비 16억원 예산으로 충남 광역단위 CCTV 64대를 설치하였다.

지역 현안에 있어 교통관리와 범죄예방 등 치안문제와 분리할 수 없는 지방자치단체의 공동의 현안에 협력치안으로 공동대응하고 있다.

생명과 재산의 안전에 대한 인간의 욕구는 가장 원초적인 욕구이며 법치와 질서, 원칙과 상식이 통하는 사회적 신뢰는 사회자본으로 인식되어 치안이라는 사회 공공재로 기능하고 있다.

치안 공공재는 눈에 보이지 않는 공기와 같아서 보이지 않지만 없으면 단 10분도 생존 할 수 없는 가장 중요한 국가 사회의 소중한 자본이다.

또한 자유민주적 기본질서와 사적인 재산과 시장경제 질서에 대한 사회적 기대와 신뢰는 국가와 사회를 평가하는 주요한 기준이 되고 있다. 사회자본의 성숙은 새 시대의 과제이며 전국민의 공감대가 함께하고 있다.

과거에는 생각하기 어려운 시장의 잣대와 정치 경제적 변수들이 우리사회를 재단하고 있다.

국경이 허물어진 글로벌 경쟁시대에 국가간 경쟁력과 지방도시 경쟁력이 더욱 치열한 오늘날에는 지방도시의 경쟁력에는 안전한 치안인프라의 구축이 필요하다.

안전한 치안인프라는 13만 경찰관만의 몫이 아니라 모든 국민의 성숙한 민주 시민 의식이 바탕이 되지만 더불어 지방자치단체의 적극적인 협조와 인식의 공유가 절실하다. 국민의 생명과 재산의 보호, 그리고 공공의 안녕질서와 법치질서의 확립은 사회 구성원 모두의 소중한 자산이기 때문이다.

도, 농 복합의 충남지역에 맞는 서민위주의 치안 시책, 그리고 지자체와 유기적인 협력을 기대한다.

균형 발전과 지방화 시대의 성공은 안전한 치안 인프라를 구축하는데 있다는 인식의 공유로부터 시작된다.

지역주민의 생명과 재산을 지키고 법질서가 바로선 행복하고 살기 좋은 충남 그리고 세종시를 만들기 위해 대한민국 경찰은 어제와 같이 오늘도 내일도 정성을 다하며 지역도민과 시민의 삶의 현장이기도 한 치안현장에 늘 함께 할 것이다.

치안인프라는 비용이 아니고 안전한 사회를 위한 투자

열대야가 계속되던 폭염을 뒤로하고 집중호우가 내리더니 연일 태풍소식에 올해 농사가 걱정되기도 하고 침수지역이나 산사태 우려지역에 대한 재해가 걱정되는 주말이다.

더위와 호우, 태풍이 교차되는 날씨처럼 연일 들려오는 소위 묻지마, 무동기 범죄 피해자의 안타까운 사연과 우범자와 사회문제를 지적하는 경쟁적인 보도를 보면서 안타까움과 걱정이 앞선다. 연일 경찰청에서는 묻지마 범죄에 대한 가시적이고 강력한 대책을 발표하였다. 경찰청에서는 성범죄 전과자등 범죄 우려있는 우범자 관리와 예방을 위한 전담수사반을 800여명 배치한다는 발표와 함께 현장경찰의 적극적인 범죄예방 의지를 독려하고 있다.

세종경찰서에서는 가용경찰력을 최대한 동원하여 지역 내 범죄요인을 사전 차단하고 우범자 관리, 여성, 아동 성범죄예방, 학교폭력 예방과 혼자 사는 가구 등 모든 요인을 점검하고 예방 활동에 전념하고 있다.

그리고 세종시 건설지역에도 건설기자재 절도 예방, 근로자 간 폭력등 범죄예방, 건설업체부도, 임금체불등 다양한 갈등과 취약요소에 대한 점검과 현장 네트워크 강화, 국가사업의 순조로운 진행을 위해 제반 치안역량을 지원하고 있다.

9월 총리실의 입주와 함께 금년 말까지 기재부, 농림부, 국토해양부등 12개 정부기관의 입주함에 따라 경비, 대테러, 교통관리, 범죄예방 등 각종 치안현안을 점검하고 있다.

사실 지역치안 현안에 대한 무한책임을 지고 있기에 우리지역에는 사건 사고 없이 편안하게 이밤이 지나 기도하는 심정이며, 잠들기 전 마음속에 다짐하길 반복하고 있다.

여학생이 집을 나가 아직 오지 않습니다. 죽어 버린다는 문자를 남기고 집에 오지 않는 남편이 연락이 안됩니다. 치매있는 어머니를 찾아 주세요. 부도난 업체에서 임금을 못 받았어요.

잠을 못잡니다. 술값 안내니 받아 주세요? 매일 밤마다 평균 50여건의 각종 민원과 문제 해결을 원하는 주민들의 신고와 요구사항을 해결해야 한다.

묻지마 범죄예방에 전력을 다해도 부족한데 생활민원, 갈등과 문제의 해결에도 최선을 다해야 한다. 날마다 노심초사 덕분인지 이 지역은 편안하게 치안이 유지되고 있다.

증가하는 세종시 인구 12만 명에 건설근로자, 대학생등 유동인구 5만명, 편입지역에 대한 치안요구는 봇물인데, 세종경찰은 기존 연기경찰서 인원에다 20명 증원 되었다. 편입지역 파출소 배치인원이 증가된 인원으로 2급지 기준 경찰서로는 부족한 실정이다.

교통사고나 형사활동, 교통관리 등 경찰서 인원증원은 못했다. 조치원 지구대 직원들을 기존 4부제에서 3부제 근무체제로 전환하고 전동파출소를 1인 근무체제로 바꾸고 편입된 장기, 의당지역이 개명된 장군면에도 1인 근무 치안센터로 운용하고 있다.

일반 공무원처럼 주간에만 근무하는 것이 아니라 낮 근무는 기본이고 밤 근무가 더욱 중요한데도 경찰인력이 많이 부족하다. 인근 공주나 논산보다 40여명 적다. 인접 도시 천안동남서, 청주 흥덕서 보다는 더 적은 편이다.

시민들은 또 인력, 예산 타령하느냐고 나무랄지 모른다. 세종

특별자치시의 치안책임을 맡은 경찰서장이라는 자리가 무겁게 느껴진다. 완벽한 법질서와 안전한 세종시, 행복하고 존중받는 시민, 정성을 다해 섬기는 치안의 초심을 생각하고 있기에 부족한 인원은 아쉬움으로 남는다.

집단민원, 갈등으로 인한 집회, 시위상항이 발생하면 원래 본인이 맡고있는 임무 수행에도 바쁜 직원들을 동원할 때마다, 강력사건이 발생할 때마다, 긴급배치를 하거나 비상소집을 할 때마다 마음이 아프다.

밤을 새운 직원들은 아침이면 또 다른 하루를 근무해야 하는데, 좀 쉬어야 할 텐데, 가정에서 아이들 숙제라도 보아 주어야 할 텐데, 미안한 마음이다.

다른 서장처럼 중압감을 느끼면서 24시간 관내 위치하며 모든 긴급 상황에 대비한다.

고3짜리 아들이 막바지 수능시험에 열중인데 응원 한번 해주지 못하여 미안한 마음이다.

치안 인프라는 비용이 아니다. 사회안전망이라는 사회자본이다. 안전한 사회, 살기좋은 도시, 누구나 방문하고 싶은 도시, 행복한 도시의 바탕에는 안전함이 바탕에 있다.

어제 미국 뉴욕 맨하탄에서도 잇달아 칼부림과 총기사고 등 묻지마 범죄로 시민이 불안하고 관광객이 감소될까 걱정하는 기사를 보았다. 인구 700만의 세계적인 경제, 금융 중심도시 뉴욕 맨하탄은 전세계 많은 관광객이 방문하는 관광명소이다. 최근 중심가 타임스퀘어의 총기사고는 911 테러의 악몽을 떠올리게 할 수 있다. 우리나라도 연간 2천만 명의 외국 관광객이 방문하고 있다. 세계적인 불황속에서도 서울과 수도권에는 호텔예약이 힘들다고 한다.

서울 명동에는 중국, 일본인이 넘쳐나고 얼마전 칼부림, 묻지마 범죄가 발생한 여의도는 정치 일번지이면서 동시에 많은 사람들이 관광하는 지역이기도 하다.

누구나 이유없이 범죄의 피해자가 될 수 있고 위험에 노출 된다면 경제활력도 관광과 쇼핑이나 활력 있는 도시를 기대하기 어려울 것이다.

우리 사회도 강력범죄가 증가하고 범죄 양상은 광역화, 흉포화, 무동기화 하고 있다. 살인, 강도, 강간등 강력범죄는 2001년 이후 84. 5%가 증가했고 성폭행은 2002년 6,754건에서 작년 19,491건으로 세배나 증가했다. OECD회원국 중 살인은 6위, 강간 11위로 범죄의 총량도 증가하고 살인사건 가운데 우발적인 범죄가 1982년 6.8%에서 2010년 43.3%로 동기가 없고 순간적인 우발성 묻지마 살인도 증가하고 있다.

경쟁사회가 심화되고 내가 의지할 수 있는 사람이 없다고 생각할 때, 또 안전하게 소속된 집단이 없다고 느낄 때, 마지막까지 손을 잡아줄 사람이 없을 때 마지막으로 생각하는 자살이나 묻지마 범죄는 이런 상황의 결과이기도 하다. 처절한 자포자기, 체념 행동으로 나타나기도 한다. 아무리 힘들고 아프더라도 그것을 '남 탓' 으로 생각하지 않고 마음을 바꿔야 하는데 주변환경은 열악해져 가기만 한다. 묻지마 흉악 범죄가 일어날 때마다 각종 미디어는 일차적으로 '경찰' 이 잘못한 것이 없었는지, 안일한 대처, 늦장출동 등... 건강한 사회를 위한 치유와 문제의 해결, 갈등의 조정을 위한 경찰이 더욱 역할을 해야 한다고 주문하기도 한다.

하지만 경찰인력은 제자리다. 2015년이면 치안보조 인력인 의무경찰도 군병력자원 감소로 존속하지 않을 것이다. 경찰1인당 국민비율이 미국, 일본, 영국은 300명 수준인데 우리나라는 500명 수준이다. 아마 선진 각국에서 가장 싼 비용으로 치안서비스를 제공받는 나라일 것이다.

이곳 세종지역은 경찰 1인당 국민 비율이 640명에 이른다. 일부 시민들은 치안인프라는 저절로 이루어지는 것으로 생각하기도 한다. 경찰이 많아지면 규제와 단속이 많아져 국민생활이 불편할 것이라는 생각을 하기도 한다. 사회가 다변화되고 외로운 독신 거주자가 증가하고 가정이 해체되고 경쟁이 과도하고 경제와 가치소유의 양극화가 가속화되고 인터넷과 SNS 역할이 증가할수록 치안 부담과 수요는 증가할 것이다.

대부분 시민은 일상생활에서 문제와 갈등이 생기거나 위기와 재난에도 경찰에 도움을 요청한다. 민사적인 문제해결을 위해 고소, 고발 등 경찰에 요구하는 숫자가 일본의 열배에 이른다.

치안 인프라는 사회 자본이다. 도로나 항만, 철도처럼 눈에 보이지 않는 공기와 같아서 단 5분만 없어도 생명을 유지할 수 없는 산소의 역할처럼 국민생활을 편리하고 행복하게 하는 사회자본이다. 사회적 신뢰가 저하되고 각종 삶의 문제들이 다양하게 표출되는 첨단 정보화가 가속화 되고 기계 문명이 극대화 된 사회에서 경찰인원 증원과 치안 인프라 확충을 위한 국가적 투자는 안전하고 행복한 국민 생활의 제 1차적 과제가 아닐까?

제발 오늘밤에도 편안하고 사건 사고 없기를 경찰서 옆에 있는 관사 앞에 새벽 가로등 불빛에 흔들리는 나뭇잎새에도 깜짝 놀랄 때가 있다.

사회 자본이 튼튼한 신뢰하는 사회를 위해

올 겨울은 일찍 시작되고 매서운 추위라고 한다.

나보다 더 추운 사람들을 생각해 본다. 따뜻하게 겨울을 보내야 할 텐데, 치안 현장주변을 돌아보게 된다.

엊그제 외국인 다문화 가정 주부로 구성된 마미폴 회원들과 사랑의 마을에서 기거하시는 장애인 어르신 시설에 생신 위안 잔치에 다녀왔다. 눈물을 흘리시며 고마워하는 분들과 노래 부르며 떡을 나누고 흥겨운 시간을 가졌다. 지역 복지관과 한화 공장 직원들과 같이 사랑의 김장 담그기, 독거 노인가구 연탄 배달도 해보고 지역사회와 함께 하는 봉사활동에 직원들이 많이 참여하고 있다.

경찰서와 MOU를 체결한 삼성전기에서 장애인 위안 갈라 콘서트가 있었고 내일 공장 내에서 지역사회 봉사활동이 예정되어 있다. 조치원, 이화 라이온스, 세종 라이온스 등 각급단체들도 보이지 않는 곳에서 사랑을 실천하고 있다. 관내 32개 단체와 크고 작은 치안 협력과 지역 봉사 활동을 위한 MOU를 체결하여 이분들과 동참하려면 세종경찰 직원들은 바빠질 것 같다.

세종지역은 함께하는 지역사회, 따뜻한 봉사를 실천하는 많은 기관 단체가 있다.

하지만 가정과 이웃에서 지역 공동체로 어울리며 더불어 살지만 근원적인 외로움은 어쩔 수 없는가 보다. 날마다 우울증이나 외로움으로 자살 하시는 분들이 있어 안타깝다.

신뢰하는 사회의 출발은 가정이다. 사회 자본의 최소 단위가 가정이라고 한다. 건강한 가정, 행복한 가정이 안전한 사회의 시작이고 사회자본이 튼튼한 사회이다.

신뢰나 도덕, 윤리 같은 가치들을 1차적으로 생성하고 유지시키는 기능이 가족에서 온다.

특정한 개인이 어떤 사람과 사귀느냐, 어떤 공동체에 속해 있느냐를 통해서 1차적으로 사회화가 되고, 사회화 과정에서 그 사람이 믿고 따르는 가치를 심어주는 과정에서 가족이 가장 중요하다. 그래서 가족이 없는 분들, 독거노인, 다문화 가족, 고아원등이 지역사회의 관심과 배려가 더욱 필요할 것이다.

사회 자본이란 사회 구성원 상호간의 이익의 조정, 협동을 촉진하는 규범, 신뢰 네트워크라고 말 한다. 사회 자본은 물리적 자본과 인적 자본과 함께 생산 활동을 증가 시킨다.

공유된 행동규범을 만들어 사회 질서를 만들고 모두가 안전하고 행복한 사회의 바탕이라고 한다. 사회 자본을 높이려면 구성원의 참여와 투명하고 공정성을 보장하여 믿음을 높여야 한다.

흔히 치안재를 사회 자본을 확충 시키고 유지, 발전시키는 공공재라고도 말한다.

사회자본의 출발점은 신뢰이기 때문에 사회 구성원들의 약속에 대한 믿음과 법질서에 대한 기대 가능성이 얼마나 작동 하느냐에 따라 사회 자본의 크기를 가늠한다.

우리나라는 연간 고소건수만 52만 건에 이른다. 이중 기소율은 18%에 불과하다. 일본보다 57배나 많은 전체 범죄에서 고소비율이고 인구 10만 명당 평균 1,246명이 피고소되어 일본의 7.26명보다 171배나 높은 피고소율을 보이고 있다. 형사고소를 제기하면 수사, 소추절차에서 모든 비용은 국가가 부담하기 때문에 고소율이 높은 이유도 있겠지만 불신과 갈등, 공동체에 대한 신뢰의 부재가 고소로 이어지는 것은 아닌가 한다.

세종경찰의 고소, 고발, 이첩등 관련 사건을 전담하는 지능팀 직원은 밀려드는 고소 사건에 1인당 보유건수가 평균 30여건, 다른 중요한 지능, 경제범죄 수사에 전념할 여력이 부족하다.

경찰의 임무는 범죄 척결자로서 범죄를 진압하고 범인을 검거하는 것이 일차적인 사명이지만 문제를 해결하고 갈등을 조정하는 임무도 크게 부각되고 있다.

다양한 삶의 문제를 해결해 달라는 고소사건을 적극적으로 수사해야 하지만, 그 과정과 절차에서 수사기관과 피고소인의 고통은 클 수밖에 없다.

무조건 고소부터 하고 보는 관행, 채무자를 압박하는 수단의 고소, 민사소송에서 유리한 위치를 점하기 위한 고소 등 타인을 배려하고 존중하면 하지 않아도 될 일이다.

살면서 사소한 다툼을 형사적 수단으로 해결하려는 풍조는 불신과 갈등을 조장하는 큰 폐해일 수 있다. 우리나라는 연간 갈등 조정 비용만 유, 무형의 정신적 고통을 제외하고 22조원에 이른다고 한다.

고소당하여 몇 날 며칠을 잠 못 자고 고통스러워하며 원망하는 많은 사람들의 사연을 접할 때마다 씁쓸하다. 그래서 치안 인프라의 확충은 갈등을 줄이고 사회 자본을 늘리고 신뢰사회를 만드는 첫 걸음이며 행복하고 살기 좋은 대한민국의 시작이라는 생각이다.

제복을 입는 사람
(MIU, Men In Uniform)이 존중 받는 사회

겨울의 초입이다. 첫눈이 오기도 했다. 붉은 단풍잎사이로 첫눈은 늦가을에 핀 눈꽃이다.

추위가 몰려오는 이번 달부터 정부부처가 이전을 시작하고 연말까지 12개 기관이 이주를 완료하는 세종지역 경찰은 몸도 마음도 바빠지는 것 같다. 충남경찰은 정부부처 청사 경비대를 발족하고 경비, 보안대책이 강구되고 있으며 집회 시위를 대비하는 경찰부대 연합격대훈련도 진행하고 국가중요시설 이전에 따른 치안대책을 발빠르게 진행하고 있다.

엊그제는 겨울철 결빙과 한파, 폭설 대비 경찰 주관 유관기관 대책회의를 가졌다. 모든 도로에는 책임기관이 있다. 세종지역은 아직 준공 전 도로가 많고, 세종 특별 자치시로 광역자치단체 기능에 필요한 인력과 예산의 부족으로 다소 도로와 안전시설관리에 미흡한 감이 있다. 점차 개선 될 것이다.

세종시 출범전 관할도로가 478km에서 980 km로 증가했다. 잘 뚫린 시원한 도로는 질주하는 속도감 만큼이나 사고위험과 안전을 위협하게 된다. 이곳은 자주 안개가 끼고 결빙이 될 수 있어 대형사고의 위험이 높다.

다음주 정부청사앞 축구장 66개 크기의 인공호수 개장, 정안 인터체인지 진입로 15km 구간 신설 준공, 세종 정부 청사 경비대 준공 등 정부 청사 주변은 하루가 다르게 변모하고 있다.

지난주 11월 9일은 소방의 날이라 세종시 소방본부에서는 의용소방대원등 지역주민이 많이 모여 축하해 주는 기념식이 있었다. 2007년 연기소방서로 출발하여 금년 7월 1일 세종 소방본부로 확대 출범한 세종소방공무원들은 헌신적으로 주민의 생명과 안전을 살피고 있다. 제 50주년 소방의 날을 축하한다.

웅장하고 의미 있는 기념식에서 세종시 소방기능의 비약적인 발전을 부러운 눈으로 지켜보면서 헌신과 희생을 사명으로 해야 하는 제복 입는 사람들의 소명을 생각해 보았다.

우리는 군인이나 소방관, 경찰과 같이 제복을 입고 근무하는 사람들을 흔히 MIU(Men in Uniform)라고 부른다. 누가 알아주지 않지만 음지에서 더 빛나는 사람들이다. 하지만 국가를 위해 제복을 입은 사람들의 노고와 희생에 대한 사회 인식은 많이 부족한 것 같다.

미국이나 유럽에서 MIU는 존경과 신뢰의 상징으로 통한다. 순직한 MIU는 영웅대접을 받는다. 외국의 MIU들은 "국가에 대한 봉사는 제복 입은 사람들에 대한 무한한 존경과 자긍심으로 돌아온다"고 한결같이 말하고 있다. 미국의 경우 군인, 소방, 경찰과 같이 제복 입은 사람이 존경받는 직업 10위내에 모두 들어 있다.

현재 우리나라 경찰, 소방관들은 "자식이 이 직업을 갖겠다면 한사코 말린다"고 할 정도여서 안타까울 뿐이다. 군인이나 경찰에 대한 비속어를 흔하게 사용하는가 하면 제복입은 사람(MIU)을 존중하는 여건이나 교육환경도 부족한 실정이다.

군인이나 경찰은 인사 발령이면 전국 어디로든 이사가 잦고 부모를 따라 전국 곳곳으로 전학을 다녀야 하는 군인 자녀들은 '부모가 군인' 이라는 이유로 평탄치 않은 학창 시절을 겪는 경우가 많다.

잦은 이사는 자녀 교육뿐만 아니라 가족들의 정서생활에도 큰 영향을 끼친다. 24시간 위험과 열악한 근무환경에 노출 되어 있는 경찰관들도 잦은 인사이동과 가족들과의 정서적 유대

감 부족으로 애로를 겪고 있다.

과거보다는 근무환경이 많이 나아졌지만 언제 어디든지 남들이 두려워하고 위험하며 하기 싫은 어려운 일들을 감당해야 하는 직업이다.

지역사회의 긴급 상황이나 테러, 충격적인 사건 사고에 일차적인 진압책임이 있다. 휴일도 야간도 근무해야 한다. 마주치는 현장마다 갈등과 아픔이 있고 소외된 사람들의 아파하는 사연과 위험 상황을 처리해야 한다.

얼마전 1989년 5월 3일 부산 동의대에서 순직한 경찰관들에 대한 보상이 23년 만에 이루어졌다는 것은 국가와 이웃에 대한 희생에 대한 보상이 너무 인색했던 것이 아닐까?

국가안보와 시민들의 안전을 지키다 숨진 군인, 경찰관, 소방관들의 명예를 기리고 이들을 알리기 위해 외국처럼 '명예의 전당' 이 필요하다는 의견이다. 며칠전 서울경찰에서는 직무를 수행하다 순직한 1,365여명의 이름을 비석으로 새기고 추모의 벽으로 기리고 있다.

충남경찰도 내년 이전하는 홍성 청사에는 경찰 추모관이 설계되어 있다. 조직내부에서 순직한 선배, 동료들에 대한 추모와 존중운동은 늦은 감이 있지만 당연한 우리의 책무다.

미국 911테러 당시에 세계무역센터 현장주변에 있던 경찰, 소방관들은 모든 시민들이 멀리로 대피하는 현장에서 불길이 치솟는 빌딩으로 진입하여 인명을 구조하다가 411명이나 현장에서 순직하였다. 일부는 비번이었는데 다시 현장으로 달려가서 순직한 사람도 있다. 그들의 용기와 헌신은 시민들의 존경과 사명감이 있어 가능했을 것이다. 하지만 우리나라는 시민들이 마지막까지 의지하고 의무를 다하기를 기대하는 제복 입은 사람들에 대한 사회적 인식과 처우는 그저 일반 공무원과 비슷하거나 여건에 비해 열악할 뿐이다. 과거 우리 아이들이 부모님의 직업을 당당히 경찰공무원으로 쓰지 않고 공무원으로 쓰고, 가급적 사복을 입고 근무하는 것을 선호 하거나 출 퇴근시간에 제복 입는 것을 꺼리는 경찰, 소방관의 이야기가 단지 그들만의 책임은 아닐 것이다.

미국은 주마다 국립묘지에는 지역 주민들이 자주 찾아와 직접 눈으로 보고 희생자에 대한 인생 이야기와 헌신에 관해 자세한 설명을 듣는다. 훈장을 받는 사람들과 나아가 제복을 입은 사람들에 대한 존경을 유도하고 있다.

훈장을 달거나 제복을 입은 사람들을 보면 다가가 “나라를 위해 일해 줘서 고맙다”고 감사를 표시하는 광경은 결코 낯설지 않다.

그리고 오래전부터 국가를 위해 숨진 군인, 경찰관, 소방관 등 제복을 입은 MIU를 기리는 대규모 추모시설 및 기념관을 지어 교육의 장으로 활용하고 있다.

우리나라도 세계 10위권의 선진국으로 제복 입은 사람들이 존경받고 대우받을 수 있도록 사회적 분위기가 필요 하지 않을까?

이제 우리나라도 생활의 현장과 국민들이 필요로 하는 아픔의 현장에서 이들을 돌보고 지켜주는 경찰, 소방, 군인 등 제복을 입는 사람들에 대한 배려가 필요하다.

충분한 인력과 예산의 지원, 밤 근무와 휴일 근무에 대한 적정한 보상, 생명을 버리며 헌신하고 순직한 사람들에 대한 추모와 남겨진 유가족에 대한 배려는 진정한 문명국가, 자유민주주의 국가의 당연한 책무가 아닐까?

그래서 세종지역에서는 지난 1월 경찰, 소방, 육군항공대등 제복입은 사람이 같이하는 MIU 클럽을 발족하여 모임을 정례화 하고 협조중이다.

안전한 교통도시를 위해

평균 한해에 21만 건의 교통사고로 6100여명이 사망하고, 33만 명이 부상을 당했다. 이는 인구 10만 명당 3.7명 사망으로 일본의 1.2명, 미국의 1.9명보다 높은 수치이다.

물론 90년대 말보다는 절반가량 감소한 수치이지만 아직도 교통사고로부터 안전하다고는 말할 수 없다.

교통사고 예방은 교통 홍보와 교육(Education), 교통지도와 단속(Enforcement), 교통안전시설물의 설치 및 개선(Establishment)의 이른바 교통 3E 정책이 추진되어야 한다.

교통경찰 활동도 교통지도와 단속 중심에서 교통소통과 안전 확보로 바뀌어 국민들의 공감받는 교통단속과 계도장 등을 통한 지도에 주안을 두고 있으며 사람에 의한 근대적 단속보다는 과학무인장비에 의한 기계를 활용하는 단속으로 개선되고 있다. 교통안전시설물 개선도 차량과 운전자 위주에서 보행자와 교통약자를 위한 시설물 설치로 개선되고 있다.

교통사고처리에도 당사자의 진술과 목격자 중심 조사에서 CCTV 등 과학적 장비와 신호체계에 의한 채증과 교통 공학적 기법이 도입되고 있으며, 그동안 무관심하게 취급되었던 교통사고 피해자에 대한 관심을 제고하고 있다. 보행자와 교통약자 보호를 위한 교통안전시설물 개선은 금년 들어 이면도로, 아파트, 상가, 주택가 진입로 상에 보행동선이 단절된 지점에 횡단보도 460개를 신설하여 교통사고로부터 보행자의 법적보호와 운전자의 준법의식을 고취하고 골목길 등에 거주하는 지역 주민 민원을 적극적으로 해결하고 있다.

보행자의 안전을 위해 보행자 작동 압버튼 신호기와 보행신호 잔여표시기를 확충, 개선하고 있다. 이는 교통안전도시 프로그램(TSCD)을 도시개발, 계획단계부터 교통사고와 이용 불편 장애요인을 제거하여 인간 중심의 친환경 교통도시를 만들고자 하는 노력이다.

도로에서 운전자와 보행자의 시선을 가리고 안전을 위협하는 한전 박스나 신호기 제어시스템, 입간판 광고물, 정류장, 시인성 저해 녹지 등 교통 환경에서 교통안전을 위협하는 지장물이 상존하고 있다.

오늘날은 최첨단 정보화 사회로 유비쿼터스가 일상화되고 있으며 환경 설계를 통한 범죄예방(CPTED)등 시스템과 장비를 통한 치안재를 생산하는 시대이다. 충남경찰청에서 시행되는 교통안전도시모델(TSCD) 기법은 친환경 교통도시 설계 및 관리기법이며 교통사고 예방과 교통 안전소통을 확보하고, 나아가 각종 범죄와 사고를 예방하는 사회 안전 프로그램으로 시민들의 참여와 협조를 기대한다.

최첨단 교통정보시스템인 ITS(Intelligent Transportation System)가 주요 도시에 설치 운영되고 있으며, 자가용 위주의 교통체계에서 BRT(급행간선 버스시스템)등 인간과 환경 중심의 교통체계로 개선되고 있다.

충남경찰청에서 시행하는 안전하고 쾌적한 교통도시 설계는 21C 바람직한 도시 모델이며, 인간과 안전한 삶의 질을 한 단계 높이는 계획이라고 이해한다.

살기 좋은 도시는 쾌적하고 우수한 교육인프라와 다양한 유통망으로 편리한 시장과 안전한 사회 인프라와 환경 친화적이고 신속하고 안전한 교통인프라의 구축이 필요하다.

주 5일제의 전면 시행 등 인간과 삶의 질을 추구하는 웰빙시대에 시민들의 높은 기대와 욕구를 충족하는 맞춤형 고품격 교통서비스를 구현하고자 한다. 경찰의 다양한 노력과 유관기관의 적극적인 협조와 참여로 살기 좋은 대전 · 충남을 만들어 가

는 노력이 비단 지방선거에 당선된 분들의 몫이 아니라 모든 주민의 몫임을 되새기고 싶다.

※교통안전도시모델 (TSCD, Traffic Safety Community Design) 도시도로, 교통안전시설 설치에 환경 요인을 고려하여 설계 디자인한 모델임.

스쿨존 정비 운영 특별법 제정 필요

충남경찰에서는 여러해에 걸쳐 스쿨존 정비를 위해 772개교를 스쿨존으로 지정하고, 219개교는 새롭게 정비 완료하고, 110개교는 스쿨존 정비를 계속 진행 중이다.

어린이 보호구역내 어린이 교통사고는 한해 동안 평균적으로 대전 · 충남에 1,349건이 발생하여 24명이 사망하고 1,781명이 부상당했다. 지난 5. 9에도 서산 동문동 서동초등학교 스쿨존에서 초등학교 3학년이 덤프트럭에 사망하여 스쿨존에 대한 운전자와 어른들의 주의와 각성이 촉구되었다.

스쿨존 사업은 온국민이 필요성을 인정하면서도 지정 과정과 개선사업에서 이해관계인의 갈등, 설치 시설물의 규격 불일치, 시설물 유지 관리의 문제와 예산, 법규상 문제점과 운전자와 어른들의 준법의식 결여 등 문제점을 내포하고 있다.

충남경찰청에서는 이러한 문제점을 해소하기 위해 어린이 보호구역을 820개교로 확대하고, 사업시행에는 주민 공청회, 간담회를 개최하고 교통안전시설 유관기관 전담반을 편성하여 운영하고 있으며, 예산확보와 어린이 보호구역 담당경찰관 지정, 어린이 통학버스 지도, 준법의식 홍보 등을 지속하고 있다.

이러한 노력에도 불구하고 어린이 보호에 대한 근원적인 문제 해결을 위해서는「어린이 보호구역 운영에 관한 법률」제정이 필요하다고 본다.

이 특별법은 교통안전 목적으로 스쿨존 정비 운영관련 법적 근거를 명확히 하고, 토지 수용, 이해관계인, 주변 상가 이해 조정 근거를 마련하고 스쿨존내 운전자와 어린이 통학버스 운전자의 특별하고 엄중한 책임을 규정할 필요가 있으며, 교통사고 예방 목적으로 스쿨존내 교통사고 처리 특례를 규정하고,

어린이 보호차량에 대한 특별 취급과 스쿨존내 공소권 있는 교통사고 유형을 추가 하는 것이 필요하다고 본다. 또한, 일반 범죄 예방 목적으로 학교 폭력, 청소년 성범죄, 음주, 흡연, 마약 등 스쿨존내 발생 범죄에 대한 적극적인 대처와 범인성 유해 환경업소의 학교 주변 밀집을 제어할 수 있다.

이는 기존 학교 폭력 대책법과 학교 보건법의 흠결 규정을 보완하는 것이며, 스쿨존내 평온한 학습 환경 조성을 위해 대형 공사와 각종 시위, 이벤트 행사 관련 제한 규정이 필요하다고 본다.

미국은 스쿨존법(School Zone law)를 운영하여 아동과 어린이의 안전을 우선하고 제반 사회문제에 대처하고 있으며, 독일, 일본 등에도 관련 법규가 운영되고 있다.

어린이는 대한민국의 미래이며 작금의 저출산, 고령화 사회가 가속화 되는 때에 종합적인 어린이 안전대책이 필요한 시점이라고 본다. 어린이들을 교통사고와 각종 유해 환경, 각종 범죄로부터 어린이를 보호하고 평온한 학습권 보장과 편안한 환경 조성을 위한 제반 법규를 종합하는 어린이 보호구역 정비 특별법의 제정이 필요한 시점이라고 생각한다.

학교 주변 유해 환경 정화구역, 어린이 보호구역, 세이프 존 등 각 기관별로 운영하고 있는 현실을 반영하여 이를 통합하는 특별법 제정을 제안해 본다.

학원, 어린이 동승 차량 안전기준 필요

아직도 생생한 몇년 전 7월 청양군 비봉면 29번 국도상에서 발생한 초등학생 등 6명이 사망한 대형 교통사고는 현장에서 유족들의 오열과 비통함을 보고 교통사고의 참혹성과 위험성을 돌아보게 한다.

빗길에 무리한 과속운전, 정원 9인승에 15명을 탑승시키는 안전 불감증과 어린이 보호 장구를 갖추지 않은 차량 운행, 안전벨트 미착용 등 우리 사회에 만연한 교통사고 안전 불감증을 보는 것 같아 안타까운 마음 금할 수 없다. 어른들의 욕심과 안전 불감증이 한창 꽃다

운 어린이들을 죽음으로 내몰았다.

대전 · 충남에는 그해 교통사고 사망자가 335명으로 작년 동기보다 70명이 감소한 실적을 보이고 있으나, 교통사고로 3명 이상이 사망 또는 부상 대형 교통사고는 금년 들어 13(사망 7)건으로 증가하고 있는 추세이다.

전국적으로 교통사망사고는 6,800여명으로 작년대비 10% 이상 감소하고 있지만, 대형사고나 안전띠 미착용 등 안전 불감증에 의한 사고는 증가하고 있는 형편이다.

이번 사고도 학원차량 정원을 지키고, 안전띠를 맸다면 사망사고는 발생치 않았을 것이다. 과속, 정원 초과, 안전띠 미착용 등 한순간의 방심이 돌이킬 수 없는 참사를 가져온다.

대전 · 충남에 안전한 교통모델도시 살기 좋은 안전한 도시가 되도록 교통질서와 법규를 반드시 지켰으면 하는 바램이다.

세종경찰은 학원연합회 관계자들과 수시로 모임을 갖고 어린이 수송차량에 대한 안전과 주정차 안전, 과속화 신호 위반을 하지 않도록 계도활동을 강조하고 있다.

따뜻한 봄에는 아이들의 야외활동이 많아진다. 학원차량, 유치원교사, 보육교사의 각별한 관심을 촉구한다.

교통안전도시 (TSCD)기법 도입을 기대하면서

신록의 푸르름이 더해가는 6월이다.

지난 상반기 지방 선거를 비롯한 갖가지 치안상황이 순조롭게 마무리 되었다. 이제 생활치안을 통해 주민의 안전과 안심을 확보하는 생활 현장의 치안서비스가 필요한 시점에 있다.

충남경찰청에서는 치안행정에서 교통서비스의 중요성을 이해하고, 교통안전도시 프로그램(TSCD ; Traffic Safety Community Design 기법)을 적용하고 있다.

택지개발, 도로개설시 교통안전성을 고려하지 않고 무작위로 한전박스 등 도로부속물이 설치되어 보행자 이동권을 침해하거나 운전자 시야를 가려 교통사고 · 이용불편이 있었고, 야간 교통사고가 주간 대비 2.5배 이상 발생율이 높은데도 횡단보도 · 교차로 다중이용 지점 가로조명이 어둡거나 격등제를 시행하는 등 불합리한 관행적이고 행정 편의적인 시책을 개선하기 위해 대전권 『교통 안전도시 건설 프로그램』을 추진하기 위해 충남청 · 대전시 주관으로 구청, 소방본부, 교육청, 한국토지공사, 주택공사, 한국전력 등 15개 사업 관리기관 합동 세미나를 개최한 바 있다.

이를 통해 택지개발 · 도로개설 사업초기 계획 · 설계 단계부터 교통안전성을 고려한 도로설계 및 도로점용물 인 · 허가를 추진하고, 야간 가로조명 설계 및 운영방법을 개선함으로서 시민들이 안심하고 이용할 수 있는 교통환경 여건을 개선코자 하였다.

도로개설 · 택지개발을 할 때는 횡단보도 위치나 교차로 운전자 시야장애 여부를 고려하지 않고 한전박스, 통신, 녹지 등 시설물을 설계 · 배치하던 것을 설계 초기 단계부터 교통공학 즉 안전성을 고려한 시설물 적정배치가 되도록 유관기관 사전 협의, 교통안전성 적정 여부 설계 추가, 교통안전을 고려한 시설물 배치 메뉴얼 공유로 행정체계를 개선해야 한다.

광고물 등 도로 점용시설인 관공서, 연구소 등 대형 입간판 광고물이 횡단보도나 교차로 진·출입 지점에 설치되어 있어 보행자나 운전자 시야를 가려서 교통안전을 방해하고 있는 시설이 많음에도 이에 대한 사전·후 관리 감독과 개선이 이루어지고 있지 않고 있는 바, 허가·신고부터 광고물 설치 위치나 규격을 철저히 관리 감독하여 교통안전성을 저해하는 요인이 발생하지 않도록 매뉴얼화 해야 한다.

도시도로 설계와 운영을 투명하고 공개적인 공간성을 높여 시인성과 개방감을 확대해야 할 것이다.

한편, 야간 교통사고는 주간 교통량 대비 2.5배 이상 사고율이 높기 때문에 교통공학을 고려한 가로등 배치·적정 조도 설계기준을 제시하고, 다중 이용하는 횡단보도나 교차로는 교통공학을 고려한 적정한 가로조명 설계기준·시공을 해야 하며, 밝은 도시 설계로 범죄와 사고를 예방해야 한다.

역경을 이기는 독수리처럼 강인한 교육훈련으로 담대한 꿈을 가져야

연일 한파가 기승이다. 추운 날 힘겨운 분들이 안쓰럽다. 전력사용 증가로 날마다 블랙아웃의 두려움이 더 춥게 한다. 온실속의 야채는 꽁꽁 얼어 농심을 더욱 얼리고 있다.

주말 아침, 신년 새해 소망을 비는 세종시민을 위한 기도회에 참석했다.

독수리처럼 고난과 역경을 이기고 담대한 꿈을 꾸자는 설교를 들었다. 독수리는 다른 동물이 접근 못하는 험한 바위틈이나 높은 나무위에 둥지를 만든다. 튼튼한 나뭇가지로 둘레를 엮고 깃털을 뽑아 둥지를 따뜻하게 하고 알을 낳는다. 알이 깨어 새끼가 되면 날개짓도 못하는 새끼를 부리에 채어 공중에 높이 올라간다.

그리고 아직 날지 못하는 새끼 독수리를 허공에 내던진다.

바닥에 추락할 즈음 어미새가 쏜살같이 낚아채어 다시 공중에 오르고 다시 허공에 던지고 걷어 오기를 수 십차례 반복한다. 두려움에 떨던 새끼 독수리는 생존하려는 강인한 본능을 체득한다. 결국 오랜 훈련으로 새끼새는 숙달된 날개짓으로 창공을 날아올라 새들의 제왕으로 우뚝 선다. 500m 상공에서 지상의 생물에 정확하게 달려들어 비호처럼 낚아채는 날쌘 매서움을 자랑하게 된다. 역경과 고난을 이긴 독수리의 강인함과 용기를 갖는 새해가 되기를 모든 분께 기원한다.

경찰창설 68년, 숱한 아픔과 역경을 딛고 대한민국 민주 경찰로 이 땅에 굳게 섰다. 경찰표장의 상징은 독수리였다. 한국산 참수리로 바꾸었지만 역경을 이기고 헌신과 희생의 새, 독수리를 상징물로 하였다. 이는 불의에 용감하고 역경에 흔들리지 않는 독수리의 사명을 다하라는 것은 아닐까?

새해 새 출발이다. 금년은 경찰역사의 중요한 전환점이다. 범죄로 인한 위험수위는 높아가고 치안환경은 급속히 변해 가고 있다. 현 상황과 방향에 대한 치열한 성찰이 필요하다.

그리고 이 추운 날 서민과 소외된 약자에 대한 따뜻한 치안활동이 요구된다. 금년 경찰청은 경찰교육 개혁 원년으로 하였다.

사람을 변화시키고 담금질하는 교육, 훈련을 강조하고 있다. 교육은 현장대응력을 높이고 경찰 역량을 끌어 올릴 것이다.

어린새끼를 높은 공중에서 수십번 내던지고 다시 살리기 위해 받아내는 어미 독수리처럼 교육, 훈련은 어느 때보다도 강조 될 것이다.

재산을 물려주기보다 생존하는 법을 가르치기 위한 어미새의 처절한 교육처럼 역경과 위험을 두려워 않는 강한 정신력이 교육속에 스밀 것이다. 혼신을 다하고 헌신하는 경찰정체성도 접목 될 것이다. 국가가 위태롭고 국민이 불안할 때 몸을 던지는 경찰 정신도 접목 될 것이다. 국가와 국민을 위한 경찰관으로의 흔들리지 않는 초심도 새롭게 꽃 필 것이다. 초심으로 처음 가졌던 순수한 열정과 봉사하는 마음도 지펴질 것이다.

새해는 경찰 역사의 전환기로 새롭게 발전 하는 교육 개혁이 시작 된다. 새해는 안심과 안전한 세상에 대한 경찰의 꿈을 교육속에서 많은 분들과 같이 하고 싶다.

외국인 범죄 증가, 이에 대응은?

새벽 두시, 모두가 잠든 밤, 행복도시 건설이 한창인 건설청 옆 금남면소재지 어느 식당에서 30대 중반의 중국인 근로자 2명의 싸움이 시작되어 실랑이를 하다가 피의자가 소지한 칼로 같은 중국인의 목을 찌르고 상해를 입혔다. 다행이 급소를 비켜 목숨을 건졌고 범인을 구속했다.

세종지역 건설 현장에는 700여 명의 외국인 근로자들이 일한다. 현장주변 콘테이너에서 기거하면서 공사 일정에 따라 전국 각지를 돌아다니며 가장 힘든 일을 한다고 한다.

고된 노동과 타국생활의 어려움도 있을 것이다.

고향에 두고 온 가족과 친구, 동료들을 그리는 향수도 있을 것이다. 추위와 생활여건도 열악할 것이다. 그런 요인이 복합적으로 이들의 범죄는 증가하고 있다.

얼마 전에는 베트남, 태국근로자들끼리 집단 폭행사건으로 16명이 검거 되었다. 중국인이 한국인을 폭행, 상해한 사건이 작년에만 3건이 발생하였다. 중국인이나 태국, 베트남인들은 한국인보다 폭력적이고 범죄에 무신경하거나 폭력으로 앙갚음을 해주어야 한다는 생각을 하거나 호신용이라며 흉기를 소지하는 근로자들이 많다.

국내 외국인범죄는 2004년 9,103건에서 작년 26,915건으로 세배가량 증가했다. 외국인은 기본적인 신상정보가 부족하고 주거지도 일정하지 않아 범죄현장에서 검거하지 못하면 사건해결이 장기화 되거나 미궁에 빠지게 된다. 내국인처럼 다양한 신상정보와 연고선과 동선확보가 거의 불가능하기 때문이다.

몇년 전 서울에서는 파키스탄인 권총살해범의 주소 파악에만 2주 넘게 걸렸다. 수원 여성 납치 살해피의자 오원춘도 5년전 한국에 입국하여 제주, 거제, 서울, 대전, 경기, 수원등을 전전했지만 주소지는 며칠 머물렀던 경기 고양으로 되어 있었다.

외국인 거주지 관련 현행법은 국내 체류 외국인이 주소를 바꾸면 14일 이내에 출입국 관리소에 신고하게 되어 있지만 실효성 없이 유명 무실하다. 미국, 일본을 입국하려면 지문 날인과 사진촬영 등 모든 신상정보를 제공해야 한다.

단지 하루 이틀만 입국해도 개인의 신상은 전부 제공해야 한다.

외국인관련 출입국관리와 정책은 각종 사건 사고와 범죄현장에서 경찰의 어려움으로 다가온다.

변사자 신원 확인이 안되어 며칠씩 수사력을 낭비하기도 하고, 용의자가 전혀 특정 안되는 범죄를 접하면 형사들의 한숨이 절로 나온다.

작년 970 만 명의 외국인이 국내 입국했고 1,270만 명이 해외에 다녀왔고 매년 이 숫자는 12%이상 증가하고 있다.

국내 장기체류 외국인은 금년 1월 1,409,577명이고 혼인귀화 등 다문화 가정도 증가하고 있다.

글로벌화가 진행되면서 모든 문화, 금융, 자본, 기술 이동과 인적 국경이 허물어진지 이미 오래다. 이러한 글로벌사회에 따른 사건과 범죄도 급증하고 있고 국제적인 공조를 통해서만 해결되는 사건이 증가하고 있다.

국가안보와 국민의 안전, 생명과 재산의 보호는 이제 전 세계의 공통 관심사가 되었다. 하지만 국제화가 가속화 되면서 급증하는 국제성 범죄에 대응하는 경찰인프라는 부족한 현실이다.

세종경찰서에서는 두명의 외사직원이 모든 외국인 관련 치안

행정과 외국인범죄에 대응하고 있다.

너무 힘들다고 하소연한다. 파출소로 근무지를 바꾸어 달라고 한다. 그래서 세종경찰 직원들은 내근보다 파출소 근무를 선호하여 5년 이상 파출소 근무를 하면 무조건 본서에서 근무하도록 의무 순환 근무를 실시하고 있다. 제대로 하려면 더 많은 인력이 필요하다.

무한 봉사와 희생을 요구하기에는 범죄의 양상과 형태, 그리고 증가 속도가 빠르다.

한편 외국으로 도피하는 범죄인의 추적이나 외국에 관광, 체류하는 국내인의 안전도 심각한 수준이다.

지리적으로 가까운 필리핀을 예로 들면, 급식비 횡령 도주범,

절도를 한 사찰 주지, 안양 환전소 여직원 살해 공범들이 모두 필리핀에 있다. 며칠전 도피 범죄자의 천국이라는 필리핀을 소개한 KBS 스페셜 보도도 있었다.

필리핀에는 장총이나 권총으로 무장한 제복 입은 남자들이 유난히 많은데 그들은 경찰이 아니라 사설 경비원이다. 경찰의 치안 확보능력을 믿지 못하고 기업과 은행, 쇼핑몰, 식당 등에선 보안업체에 안전과 사고 예방을 맡긴다.

현지 경찰은 수사 속도가 아주 느려 피해를 당해도 별도의 '청탁'을 해야 하고 가해자는 '뒷돈' 주고 빠져나올 수 있다는 데 총기 소지가 허용되어 기관총도 쉽게 구하는 곳이 필리핀이란다.

현재 경찰이 인터폴에 공조 수사를 요청한 해외도피 사범 1,052명중 129명이 필리핀 각지에 흩어져 있는 것으로 알려졌다.

현지 교민만 12만 명이 있으며 한 해 100만 명의 관광객이 필리핀에 간다. 지난해 필리핀 체류 외국인 391만 명 중 한국인이 95만 명으로 가장 많고 필리핀으로 간 국내범죄인들은 한인 사회에 스며들어 일자리를 구하거나 다른 범죄를 저지르는 사례도 많다.

경찰은 2010년부터 필리핀 경찰청에 '코리아 데스크'를 설치, 올해부턴 한국 경찰관이 파견 근무를 하고 있다. 국제화가 진전될수록 국제성 범죄는 급증할 것이다.

전 세계를 누비는 한국민의 안전과 법질서의 보장, 그리고 국내에서의 내, 외국인 안전을 위한 적극적인 치안 인프라가 필요하다

치안인프라는 비용이 아니라 사회 안전에 대한 투자다.

안전한 치안을 사회 자본이라고도 한다.

전 세계적인 저성장, 불황에 증가하는 국내외 범죄와 사고로부터 안전과 안심을 확보하지 못하면 복지국가, 모두가 행복한 대한민국의 꿈이 실현될지 불안하다.

3장

편지속에 사랑을 싣고

〈편지 1〉

어느 벽안(碧眼)의 미국 스님으로 부터의 편지

「안녕하세요. 한국을 떠나온지 1년이 되는군요. 작년 한겨울 눈 덮인 계룡산 신원사 에서 당신을 만나, 한국 사람의 친절함과 맑은 눈빛을 잊을 수 없습니다. 신원사에서 90일간의 동안거(冬安居)는 나에게 한국을 느끼고, 한국불교를 깨닫는 소중한 체험이었습니다.」

불편하고 낯선 화장실, 김치 · 산나물류인 음식, 추운 겨울바람이 들창을 때리고, 새벽 5시부터 12시까지 이어지는 고행이었지만, 벽암스님이 잔잔히 들려주던 설법(說法)은 아직도 새롭습니다.

그리고 계룡산 등반길에서 우연히 만났던 선생님의 관심과 배려를 잊을 수 없습니다.

(중략)

지난해 겨울 일요일 오후 눈 덮인 겨울 산을 좋아하는 나는 신원사 계곡을 따라 고왕암을 거쳐 계룡산 삼불봉에 오르고 있었다.

신원사는 한겨울에는 한적한 편으로 동학사, 갑사길보다 등산로도 편하고, 바람소리, 물소리, 발자국 소리를 등산하면서 들을 수 있어서 내가 자주 이용하는 등산코스다.

그날 신원사 모퉁이에서 저만치 산을 오르는 벽안(碧眼)의 젊은 스님을 만나, 짧은 시간이었지만 많은 얘기를 나누고 아직도 그날의 흥분과 불교에 대한 감동을 잊을 수 없다.

"제이슨 메시나 (남, 32세), 미국 뉴저지 태생"

'2003년 11월부터 2004년 2월까지 세계 각국의 외국인 승려지망생 80여명과 화계사, 신원사에서 수도하고 있었던 스님이며, 매년 신원사에서는 80여명의 외국승려를 대상으로 90일간 동안지(冬安居)라는 수련기간을 정해 각국의 외국 스님들에게 한국 불교와 전통, 한국역사와 불교문화, 불자의 길 등을 수련시킨다.

사실 직장에서 업무의 특성상 많은 외국인들을 만나게 되고, 아무나 붙들고 대화를 하고 외국인을 관찰하는 것이 하나의 취미가 되어버린 나는 말벗 삼아 계룡산 등반을 한 나절 같이 할 수 있었다. 또한 불교가 불모지인 미국인이고 30대의 젊은 승려이며, 미국명문 뉴욕주립대에서 인류학을 전공 했으며 평생을 승려의 길을 살고자 하는 각오 등 나의 호기심을 끌기에 충분했다.

그분은 마땅한 등산복도 없이 희색의 장삼에 털신을 신고 진갈색의 목도리가 방한의 전부인 그의 풍모하며 전혀 서두르거나 거친 숨소리 없는 세상을 달관한 듯한 그와의 산행(山行)은 호기심을 넘어 존경의 생각까지 갖게 하였다.

겨울 산을 오르면서 그분은 처음에는 서먹해 하더니 이내 쉼없이 대화를 했다.

통상 처음부터 물어 보기 좋은 질문들, 편한 일상의 말, 가족, 친구, 직업등. 왜 한국에 왔는지, 한국을 어떻게 생각하는지, 한국이 안전한 나라인지, 그리고 왜 스님이 되었는지, 미국에서의 생활, 그리고 점점 불교적으로 근원적인 문제들이 산다는 것, 죽음, 진리란 무엇인가? 라는 등 피상적으로 알고 있는 불교에 대한 단편들을 물어보고, 그분은 친절하게도 천천히 말해주었다. 때로는 그분이 질문을 시작하면서 나는 난처해졌다.

"당신은 누구입니까?(Who are you?)"

"당신은 언제 어디서 왔으며 죽을 때는 어디로 갑니까?(When, and where did you come from? And when you shall die, where will you go?)"

지금은 약간 희미하게 기억하지만, 그분은 아주 평이한 단어로 쉬운 질문을 하고 있었지만 나는 쉽게는 대답할 수 없었다.

나는 누구고, 그리고 고향은 어디고 한국의 어디가 살기 좋고, ... 하지만 그것은 그가 원하는 대답이 아니었다.

이억만리 먼 나라에서 벽안(碧眼)의 청년이 가족과 친구를 떠나 한국의 작은 절에서 한겨울 살을 에는 고행(苦行)으로 불법(佛法)의 진리를 갈구하는 그 분을 아직도 완전히 이해하기 어렵다.

그 분은 그 해 봄에 미국으로 돌아갔고, 1년 동안 가끔 메일을 주고받다가 그 분의 엽서가 곁들인 편지를 받았다.

그 스님은 한국에 대해 6 · 25전쟁, 공산주의, 가난, 서울올림픽 2002월드컵, 북한의 핵문제등 등, 피상적으로 알고 있었는데 그해 겨울 수련을 통해 오늘날 한국의 많은 경제발전과 한국문화의 끈기와 은근함을 알게 되었고 한국인의 친절함과 근면함을 가슴 깊이 느끼게 되었다고 한다. 그리고 한국인의 전통문화와 인간에 대한 사랑에 바탕하는 이웃사랑과 단일민족, 동일언어, 일치된 민족성과 애국심, 한국인으로서의 정체성 등 한국의 밝은 미래를 말하고 있었다.

나는 답장을 보냈다. 한국불교와 산다는 것에 대한 물음과 한국인의 소박함을 담아서...

나는 바쁜 일상에서 많은 것을 잊어버리고, 돈과 명예와 자존심 때문에 괴로움을 당하며 많은 걱정 속에 한 평생을 사는지 모른다.

인생에 대한 깊은 성찰없이, 삶에 대한 강한 애착없이, 그리고 주위 사람들과 이웃에 대한 배려없이, 나는 누구인지? 그 쉬운 질문에도 제대로 대답하지 못하고 살고 있는 것이 아닐까?

문득 지난 시간 경찰관으로 맡은바 직분에 충실했었는지, 많은 날들을 돌아다 본다.

80년대 신군부 권위주의 정권에서 참된 인권과 올바른 민주시민의식이 성숙하기도 전에 경찰대학생이 되어 엄정하고 통일된 국가관과 직업관, 통제된 규율과 조직생활을 통한 4년간의 합숙교육으로, 내 지난날 모습이 권위적으로 때로는 조직과 집단우선으로 인권의 가치를 최상에 두지 못하고 수단과 절차를 등한히 하였는지.

목적 지향으로 다소 경직되고 지시 명령우선의 직무행태로 법 집행과 공권력 확립이라는 목표로 시민들의 소중한 인권이라는 가치는 소홀히 생각하고 공직을 수행한 것은 아니었는지...

지난 날 나만의 입신(立身)을 위해 소중한 신념과 인간으로서의 진실과 정의를 외면한 적은 없었는지 잔잔하게 되돌아보면서, 그 격렬하고 격동의 80년대를 되돌아본다.

90년 봄 동의대 진압지원 근무때 주위에서 선봉으로 진입하던 인접부대원 진압경찰 8명이 동의대 도서관 건물 진입 해산 작전할 때 학생들의 화염병에 의한 방화로 숨지는 애통한 현장을 목격하고, 광주 5·18 추모집회현장에서 학생들이 휘두른 쇠파이프에 맞아 넘어 졌을 때에 위험을 무릅쓰고 자기의 방패로 소대장이던 나를 막아 주던 전령(수하나 라고 불림)을 생각할 때마다, 각종 폭력집회현장에서 다치고 실명되었던 부대 대원들을 생각할 때마다 눈시울이 시려 온다.

94년 봄, 경북 영남대에서 학생들이 던진 화염병에 맞아 찢어져 아직도 인생을 살면서 결코 지워지지 않는 화상 입은 내 왼 손등을 볼 때마다, 나는 과연 경찰관으로서 나의 임무를 그 자리에서는 그렇게 하는 것이 올바로 수행 했는가? 나는 부하 대원들에게 폭력 시위 현장에서는 왜 우리가 저들을 진압해야 하는가 당위성을 설명하는 것도 어려웠다.

왜 귀한 집 자식들을 전의경이라는 이름으로 모집하여 동시대의 젊은 학생들의 화염병과 쇠파이프를 제압해야 하는지, 번민과 갈등도 있었지만 당시 우리를 묶어준 것은 강한 동료의식, 하나의 소속감과 팀웍, 동료의 아픔을 함께하는 그 모든 것이 우리 진압 중대를 지탱해온 힘이고 리더십이 아니었던가 자문(自問)해 본다.

80, 90년대의 시위상황이 지금과는 많이 다르고 무최류탄 원칙이 정착 된지도 14년여가 흘렀고, 이제는 더이상 시위진압이 진압과 통제, 해산 위주에서 시위자의 보호와 평화적인 집회관리로 변한 것은 시대의 변화를 앞서간 것이기도 하지만 경찰지휘부의 생각과 국민여론의 전환에 기인한 것으로 생각한다.

불법필벌과 합법촉진의 집회시위 관리는 국민들의 집회 시위에 대한 인식의 변화에 따라, 집회시위의 안전과 권리보장 법질서 확립의 기조가 강조될 것이다.

이제는 그때 그 부대원들이 회사원, 기자, 공무원, 경찰이 되어 가끔 만나면서 지난날의 아픈 상처들을 어루만지고 소주잔을 기울이면서, 때로는 울분을 토하며 우리 경찰의 아픈 역사속에 경찰관으로서의 나의 신념과 앞으로의 우리의 역할은 무엇이 되어야 하는지 생각해 본다.

그러면 오늘날 대한민국이 선진국으로 도약하는데 경찰은 어떤 역할을 했을까?

한국경찰사에는 건국, 구국, 호국경찰로 오늘의 대한민국을 발전에 기여한 경찰의 공적으로 경찰사(警察史)를 기록 하고 있는데, 과연 모든 국민들이 공감하고 신뢰하고 있는가?

일부 단체와 소수 국민들의 부정적인 시각도 있지만, 반세기만에 민주주의와 시장경제, 세계 8위의 경제 선진국으로 수출강국으로 성장한 대한민국의 역사에서 경찰이 대한민국의 정통성과 법치주의, 자유 민주주의라는 소중한 가치를 지키려 몸부리친 공적을 인정해야 하며 단순히 정권 안보적인 부분적인 과오와 수사과정에서의 고문과 인권침해만 부각하여 우리 경찰을 부정적인 시각만으로 평가해서는 안될 것이다.

우리경찰은 불가피한 시대상황에 따른 아픈 역사와 경찰목적달성이라는 편의성으로 인권유린경찰 이라는 아픈 상처도 있었지만, 지구상에서 유일한 냉전의 분단국가에서 오늘날처럼 경제성장과 자본주의 시장질서와 인권을 최상의 가치로 하는 선진 민주주의로의 발전은 많은 경찰관의 아픔과 희생이 없었다면 가능했을까 하고 자문해 본다.

오늘날 개발도상국가와 빈곤 국가들의 인권유린의 참상과 부패와 불법이 만연하고 민주의 이름을 가장한 독재 철권 통치하는 많은 나라들의 실상을 정확히 알 필요가 있을 것이다.

이제 대한민국은 전 세계인이 주목하면서 정치, 경제, 사회, 문화, 외교, 국방, 치안, 시민의식, 질서, 안전의 모든 분야에서 세계인이 자랑할 만한 경쟁력을 갖추고 부러움을 사고 있다.

최근 과거의 불의와 탈법 행위를 교훈삼아 역사적 교훈으로 삼고 있으며, 모든 국민 개개인의 존엄과 인권이 철저히 보장되고 있으며 상식과 원칙이 통하는 투명사회로 깨끗한 사회로 발전해 가고 있다. 이러한 흐름은 아무도 거스를 수 없으며 우리 경찰은 이 변화를 선도하는 혁신의 전도사로 변화에 따른 갈등을 조정하고 때로는 발전과 혁신을 견인하는 기관차의 역할을 하고 있다고 생각한다.

경찰 혁신의 중심에는 수사권개혁을 통한 경찰의 수사권독자성 확보와 수사주체로서 검찰은 기소를, 경찰은 수사의 주체로서 수사구조의 혁신도 이러한 시대변화이며 세계적인 흐름으로 이해한다.

이제 전세계는 개방화, 수평화, 분권화, 지방화, 투명한 사회로 발전해 가고 있으며 인간의 존엄성과 인권을 최상의 가치로 하는 인본을 바탕으로 하는 국가 공권력을 요구하는 시대에 살고 있으며, 삶의 질을 바탕으로 하는 고 품격, 최상의 치안 서비스를 요구 하는 시대임을 주목해야 한다.

더 이상 인신구속위주의 수사구조로는 국민의 요구를 수용할 수 없으며, 전 세계 문명국가는 검찰과 경찰이 적정한 수사권 분점으로 상호 견제와 균형을 이루고 있다. 왜 전 분야는 선진화 되었는데 한국의 사법구조와 수사 구조는 아직 갈길이 멀다.

수사구조의 개혁은 국민의 의식 속에 이루어져 제반 법적 정비가 필요할 것이다. 광복 68년 창경 68년을 맞는 대한민국 경찰인으로 한 점 부끄러움이 없는가? 반성과 각오를 다져 보아야 한다.

새 출발, 새 경찰, 모든 고난과 질곡의 세월을 가슴에 묻고, 달관한 인생의 부처가 되어 진정한 이웃의 벗이 되어 국민의 믿음과 사랑을 받는 경찰관이 되리라고........

그것이 참된 수행(修行)이며 참된 인생이 아닌가 하고 스스로 묻고 답한다.

그 스님에게서 편지를 받고 그분과의 추억을 되새기며 며칠 전 같은 등산로를 따라 가파른 오르막, 계곡을 질러 수억 년을 지켜온 듯한 깍아지른 바위를 넘고 마침내 삼불봉 정상에 올라 국토의 중심인 금강과 대전 인근을 굽어보고 땀을 적시고 다시 어둑해지는 산등성이를 따라 하산(下山)길에서 등산길과 같은 우리네 인생을 반추하면서, 이제 40고개 넘어 내리막에 서있는 교차하는 내 삶을 돌아다 보았다. 올라갈 때 보지 못한 꽃이 피어 있는지도 살펴보면서, 깊은 산에서 불어오는 고요한 바람소리를 듣는 것처럼, 나의 삶을 직장과 사회의 이땅 안에서 힘들게 살아가는 많은 내 이웃들과 나를 필요로 하는 많은 분들에게 삶을 느끼고 행복한 가정이 되도록 도움이 되는 경찰관이 되어 가슴시리도록 소박한 행복을 많은 분들과 느껴가는 것 .....

그것이 그 스님이 나에게 던져준 “너는 누구인가?” 라는 질문에 대한 답이 되지 않을까?

“불자(佛者)의 수행(修行)은 이야기하고 차 마시고 사람을 만나고 시장에 가는, 일상이지 결코 그 이상도 이하도 아니라던 그분의 말씀, 뺨에 스치는 바람을 느끼고 시끄러운 자동차 소리를 듣고 친구와 만나 말하고 악수하고 감촉을 전하는 것.....

헛되고 헛되도다 하며 무(無)를 추구한다던, 그것을 통해 비로소 성불(成佛)한다던가...... 그래서 성불(成佛)하시라면서, 살아가는 이 순간마다 내안의 마음의 문을 여는 것, 그것을 추구하는 것이 우리의 삶이며 그 자체가 수행(修行)이라는 그 스님의 말이 살아가면서 문득 문득 생각난다.

〈편지 2〉

어느 시각 장애인의 편지

『안녕하십니까? 지난번 제 딸이 경찰청에 편지를 보내자마자 저의 집앞에 보행자 음향신호기를 설치하고 무선작동 리모콘을 지급해 주신데 대해 어려운 행정절차에도 불구하고, 신속한 민원처리와 저같은 사람의 작은 편지에도 성의있게 배려해 주신 데에 깊은 감사를 드립니다.』

(중략)

바쁜 일상에 까맣게 잊고 있던 시각장애인의 감사 편지는 새삼 교통경찰 업무에 진한 보람을 느끼기에 충분한 것이었다.

그분은 오늘처럼 파란 하늘과 코스모스 손짓도, 들판마다 익어가는 가을의 향연도 볼수 없는 애처로운 시각장애인이다. 눈앞에 아무것도 보이지 않고, 오직 희 뿌연 안개만이 보인다고 한다. 기다란 지팡이와 애완견 "메리"가 없으면 아무곳도 갈수 없고 이제는 중학생이된 딸이 집에 있는 날이면 그녀는 밖에 나가자고 매번 조른다고 한다.

그녀의 청각과 촉각은 무척 예민하다. 때로는 이웃집의 재잘거리는 잡담도 신경을 거스르고, 손끝에 느끼는 감촉으로 점자책을 읽고, 촉각으로 사물을 느낀다고 한다. 그분이 시각장애인이 된 것은 첫애를 출산하고 29살이 되던 해라고 한다. 희귀한 『스티븐 존슨씨』 병으로 벌써 14년째 암흑속에 산다고 한다.

지난 날, 30여 년간의 밝은 세상이 미치도록 그립다고 한다. 텔레비전도 보고 싶고 아름다운 꽃, 맑은 하늘, 유유히 흐르는 강물, 드넓은 바다가 미치도록 보고 싶단다.

집안에서 할 수 있는 일은 간단한 설거지와 집 정리, 그리고 온통, 음악을 듣고 가족들이 돌아오는 저녁을 기다리는 것이 그녀가 할 수 있는 일의 전부라 한다. 이제 현실을 받아들이며 맹인학교에서 자원봉사도 하고 일주일에 두 번 학교에 나가 동료들과 어울리는 것이 그녀가 할 수 있는 일의 전부라 한다.

후천성 장애우가 된 그분은 견디기 힘든 몇 년을 이겨내며 오직 가족의 사랑으로 전혀 예상하지 않았던 불행을 이겨내고 있다고 한다. 세상에 사는 일이 자고 일어나 세끼 밥 먹고 앉아 있는 일만이 전부는 아닐진대, 그렇게 고통스런 삶을 원망해 보고 자살을 생각해 본 적도 한 두 번이 아니란다.

그분을 가장 괴롭히는 것은 집 밖에 나가자마자 겪게 되는 과속차량과 시설 장애물, 인파의 부딪침과 주위 사람들의 편견과 멸시는 그분을 집안에만 있도록 한다고 한다.

도로를 건널 때, 그분을 이끄는 애완견은 푸른 불인지 빨간불인지 모르기 때문에 위험할 때가 한 두번이 아니라고 한다.

어느날 중학생이 된 그분의 딸이 충남경찰청으로 편지를 썼다.

『우리 불쌍한 어머니를 도와주세요. 길에 나서면 너무 위험합니다. 시각장애인도 길을 건널 수 있는 보행자 음향신호기를 설치해 주세요.』

나는 그 편지를 받고 고통스런 시각장애인의 삶을 잠시나마 생각해 보았다.

대학교 동아리 체험행사에서 2시간 동안 눈에다 붕대를 감고 시각장애인 체험행사가 내가 상상할 수 있는 고통의 전부라고 할까?

나는 즉시 신호담당 직원들을 독려하여 시각장애인용 음향신호기를 그 분 집 앞 교차로에 설치해 주고, 그녀의 이동로 상에 음향신호기를 추가로 설치하는 한편, 신호기 무선 리모콘을 별도로 구입하여 지급해 주었다.

작동법을 설명해 주고 리모콘을 전달할 때 기뻐하며 반가워하던 그분의 모습이 아직도 눈에 선하다.

대전에 설치된 음향신호기는 150여개 교차로에 600여대, 시각장애인은 4,000여명, 비싼 설치비용에 비해 이용하는 인원은 적지만, 대한민국 경찰은 소수의 사회적 약자가 더욱 소중할 수 있다.

설치비용은 한대당 100여만 원으로 적지 않은 비용이지만, 대전시를 설득해서 이러한 시설을 적극 설치하고자 한다. 비록 정상적인 대다수 시민들이 예산 낭비라고 비난 한다 해도 정말 잘하는 일이라고 믿는다. 노약자인, 장애인, 낮은 곳에서 아픈 곳에서, 어두운 곳에서 힘겹고 고단하게 살아 가시는 분들에게 우리 경찰은 100마리의 양보다는 한 마리의 잃어버린 양을 찾는 심정으로 일해야 한다는 평범한 진리를 믿고 싶다.

교통약자 이동증진법이 제정되어 있지만 각종 교통시설물을 설치 · 관리하는 우리 경찰의 세심한 배려와 정책적 판단과 예산이 없으면 동법(同法)은 선언적 규정에 그칠 수 있다.

가끔 많은 정상적인 시민들은 도로와 도심 시설물에 설치된 장애인 승강기, 장애인전용 보도, 음향신호기 등이 예산낭비이고 거추장스럽다고 비판하는 분들이 있다.

그러나 해마다 30여만 건의 교통사고나 재해 재난으로 누구나 후천성 장애인이 될 수 있고 선천성 장애인도 증가하고 있는 현실을 잊어서는 안 될 것이다.

교통행정 업무는 예산지원과 교통경찰 관리를 포함하여 운전면허행정, 취소, 행정심판소송, 이의신청, 운전학원의 관리 감독과 교통안전 시설물 설치, 관리 교통 정보 센터 관제 운영 업무등 많은 편이다.

교통 업무중 민원이 가장 많은 편이고 국민 생활에 직결 되는 업무이다 보니 항상 인터넷에 민원이 많이 게재 되고 각종 개인과 집단의 이름으로 제기되는 민원에 즉응하고 때로는 이해시키면서 업무를 처리 하고 있다.

운전면허 행정 처분 구제, 학원 민원, 교통 시설 민원, 중앙선 절선, 횡단보도, 신호기설치, 유턴 및 주정차 금지, 어린이 보호구역 지정 관리 등 경찰 활동과 시민 생활이 밀접하게 연관되는 업무가 대부분이다.

시각 장애인용 음향 신고기도 시각 장애인들만이 이용 할 수 있는 극히 한정된 교통 민원이다.

이제는 교통 서비스가 단속과 규제 보다는 서비스와 보행자의 안전과 교통 약자 보호 위주로 바뀌고 있다 특히 보행자의 안전을 위한 교통 시설물을 적극 설치하고 있다.

350여개소의 보행자 작동 신호기 설치, 보행동선 단절 이면도로 횡단보도 신설 700여 곳 설치, 보행자 잔여 표시기 설치, 보행신호 보조등 설치는 충남경찰청이 적극적으로 시행 하는 사업이다.

충남경찰청에서는 교통 신호 3 S 팀(Signal Speed Service Team)을 운영 하여 운전자의 안전과 신호 소통 연동화를 적극 추진 한 바 있다.

이 모든 것이 지역 주민들에게 필요한 생활 치안 서비스이며 편안하고 안전한 주민 생활을 보장하기 위한 노력이라고 생각한다.

특별히 어느 시각 장애인으로 부터 감사 편지를 받고, 시각 장애인용 음향 신호기 신설에 관련된 교통 서비스를 간단히 소개해 본 것이다. 이젠 선진 한국으로서 각종 장애인에 대한 인식과 발상의 전환이 필요하다는 생각이다.

전 국민의 5%에 불과한 장애인이라고 이들의 아픔을 외면해서는 안 될 것이다. 문득 몇 년 전에 감동으로 관람했던 "오아시스, 말아톤"이라는 영화를 생각해 본다. 참된 인간애와 인간의 존엄성, 인권의 실현은 이처럼 도움과 보살핌을 필요로 하는 분들에게 봉사하는 것에서 시작 된다고 생각한다.

이제는 우리 사회가 장애인에 대한 인간적 배려와 정책적 우선순위가 절실히 필요한 시점이라고 생각한다. 사회와 이웃, 국가의 도움을 필요로 하는 분들이 장애인이라면 우리 경찰이 가장 많이 보듬고 지켜줘야 할 분들이 아닌가 한다.

아직 세상은 자신을 버리지 않았다고, 대한민국 경찰 고맙다고.... 그분의 기뻐하는 잔잔한 미소가 아직도 선하게 다가온다.

장애인을 배려하고 존중하는 경찰활동은 가속될 것이다. 그것이 선진 국민 행복시대의 바탕이 아닐까?

〈편지 3〉

20년만의 선생님께 드리는 편지, 그날이 온다면

기축년 한해가 저물어가는 날 경찰대학 4기생들이 25년의 세월을 돌아보며, 인생의 가치관과 경찰관으로서의 소명을 가르쳐 주신 존경하는 스승님들을 모셨습니다.

먼저 저희들 가슴속에 영원한 스승 상으로 남아계시는 19분의 교수님 중 이 자리에 함께하시는 존경하는 교수님께 깊은 감사를 드립니다.

1984. 2. 1

「번화단 뭇줄기에 우뚝 선 전당
조국의 영광위해 모여든 우리
충성과 정의로 젊음을 길러
이 강산 수놓은 무궁화 되리.......」

청람동산에 대학버스 4대에서 내리던 그날의 선명한 추억이 아직도 눈앞에 어립니다.

그로부터 땀과 눈물의 가입교 훈련 84. 2. 29 입학식, 8. 3 청람산 경찰대학 준공식, 그 뒤로 4년간 1, 2, 3기 선배님들이 졸업하고 4년 2개월 만인 88. 4. 1 경찰대학을 졸업하여 경위로 임관, 세상에 첫발을 디뎠습니다.

저희들에게 주신 교수님들의 가르침은 평생을 살아가는 자산이 되었습니다. 이제는 멀리 젊음의 뒤안길에서 20년을 거슬러 이곳에 다시 섰습니다. 그동안 경찰대학 캠퍼스는 저희들이 떠나 온 삶의 궤적처럼 눈부시게 발전했습니다. 교정의 무성한 수풀이 청람산 자락의 나무들은 후배들의 치열한 땀방울로 흘러 자양분이 되었습니다.

이 자리에 참석하신 존경하는 교수님, 동기생 여러분.

우리에게는 아직도 채워야 할 사랑이 남아 허전합니다.

아직도 끓어오르는 삶에의 열정은 식을 줄 모릅니다.

환한 얼굴이 어느새 주름진 40대 중반임에도 끊임없이 솟구치는 그리움이 있습니다.

그것은 젊음을 잉태한 고향에의 그리움, 대학시절 보듬어 주시던 교수님에의 그리움일 것입니다.

영원히 사랑하는 것은 조용히, 자연의 하나처럼 사랑한다는 말씀처럼 평온한 마음으로 아침을 맞는 눈과 눈으로 하는 눈 맞춤처럼 사랑하는 교수님과 추억에 대한 그리움 인 것 같습니다.

눈은 마음의 창, 눈은 믿음, 오감 중에 83%를 눈으로 얻기에 눈은 보배, 오늘 여기계신 교수님과 눈을 마주보면서 지난날의 고마움을 전합시다.

존경하는 교수님께 눈 맞춤. 하나, 둘, 셋!

각자의 길은 고독하고 외롭다 하는데 경찰관을 키우는 교수님들께선 얼마나 고독하셨습니까?

학문의 길에서 만난 저희들에게 아는 길만 가지 말고 모르는 길도 가라시던 스승님, 하루하루 살아가는 일상이 모두가 가르침이라던 스승님, 행복은 멀리 있는 것이 아니라 눈앞에, 지금 여기 있다던 스승님, 가장 낮은 곳에서 어두운 곳에서 세상을 밝히는 소금이 되라는 스승님, 정의를 불같이 흐르게 하라시던 경찰의 길을 가르치던 스승님. 이제는 돌아와 그날의 가르침을 되돌아봅니다.

가슴속에 새록새록 새겨지는 교수님들의 순수한 열정과 학문에의 사랑을 이제는 조금씩 알겠습니다.

수많은 저서를 내시고 경찰행정학을 학문으로 발전시킨 이상안 교수님, 한국경제의 성장에 대해 미시 · 거시적으로 이해하는 방법을 알려주신 최영일 교수님,

아름다운 한글, 바른 국어 표현을 가르쳐 주신 시인, 수필가이신 박경현 교수님, 모든 법의 근원인 헌법정신을 심어주신

이관희 교수님, 형사법, 자치경찰, 수사의 법리로 경찰을 사랑하신 이기호 교수님. 여러 존경하는 교수님의 이름을 불러봅니다.

경찰대학 4년의 가르침으로 경찰이라는 두 글자를 써보았고 20년간의 경험과 추억은 자부심이 되었습니다.

조국, 정의, 명예에 충일한 국가관과 봉사정신, 이 시대의 역사적 사명을 실천으로 가르쳐주신 스승님.

이제 경찰인, 전문인, 지성인으로서 인생의 전환점에서, 여기 같이한 4기 동기생들은 오늘 뜻 깊은 만남을 소중히 하면서 날마다 행복하고 참 봉사와 정의감이 강물처럼 넘치는 대한민국의 경찰관으로 더욱 정진할 것을 약속드립니다.

스승의 은혜 감사합니다.

그 은혜 하늘 같아서 우러러 볼수록 높아만 가는 가르침을 아름답게 간직하겠습니다.

지난 21년간의 세상의 풍파를 이겨내고 피어난 미당 서정주님의 국화 옆에서를 낭송하면서 감사 인사를 드립니다.

〈편지 4〉

제약회사에 보낸 편지 〈"세상에는 신비한 약들도 많아"〉

저는 국민의 안전과 행복을 위해 일하는 경찰공무원입니다. 업무의 특성상 외근 근무가 많고 서 있는 시간이 많아 퇴근하면 허리도 아프고 종아리도 땡 길 때가 많았습니다.

그리고 일주일에 한 두번 머리를 톡톡 찌르는 편두통이 있어 일상생활에 지장을 줄 정도로 정기적으로 고통이 있었습니다. 어느 날 지인으로부터 프로 폴리스 정제약이 두통과 근육통에 효험이 있다는 말을 듣고 복용해 보기로 하고 대전 본사에 있는 공장을 둘러보고 약품을 살펴보게 되었습니다. 다양한 벌꿀과 자연 향으로 가득한 약품공장 내부에서도 알 수 있듯이 뭔가 효험이 있을 것 같은 확신이 들었습니다.

공장 견학을 통해서 평상시 갖지 못했던 벌에 대한 생각, 우리가 사는 지구 생태계에 필수적인 곤충으로 벌이 없으면 꽃이 수정 될 수 없고 열매를 맺을 수 없다는 사실도 알게 되었고 여왕벌, 수벌, 일벌이 조직적으로 종족 보존과 생존을 위해 가장 위생적으로 활동하고 있다는 것을 알았습니다.

태초(太初)에 하늘이 열리고 수백억 년 시간을 넘어 피고 지는 생명의 순환으로 만들어진 화석 속에도 우리가 벌을 발견할 수 있는 것은 벌은 수천만 년 전부터 생존하였던 종족이며 변종이 없는 곤충이었음을 알 수 있었습니다.

그것은, 벌이란 종족이 여왕벌, 수벌, 일벌로 분업화 되고 조직적으로 날아다니면서 세상이 만들어 내는 온갖 세균의 공격에도 부패와 변종(變種)에서 단일 종족으로 지켜준 벌집의 면역, 항생, 생명의 힘이 있었기 때문임을 믿게 되었습니다.

공장이 생기고 약품연구가 이루어 진 것은 17년 전, 21C 의학문명이 발달한 한국의 중심, 대전에서 생명을 사랑하고 건강과 장수를 끊임없이 연구하는 바이오 연구회의 모임을 통해서 프로폴리스가 만들어 졌다는 것도 알게 되었습니다.

그리고, 인공과 화학적 융합에 의한 약품보다도 자연에서 채취한 벌집에서 특화(特化)된 연구의 결정체가 프로폴리스라고 하면서, 이는 인체에 유용한 약품이라는 확신이 들었습니다.

그 뒤로 나는 프로폴리스로 만들어진 치약을 쓰고 있으며, 알약을 매일 먹고 있습니다. 그 공장에서 만들어진 약을 정기 복용한 이후부터, 거짓말처럼 편두통이 사라졌습니다.

편두통의 원인을 진단하기 위해 집 근처 건양대 병원과 경찰병원에서 뇌 CT 촬영과 MRI 등 근본적인 원인을 발견하기 위해 과학적 장비를 사용해 보았지만, 별다른 이상을 발견 할 수 없었습니다. 그냥 신경성 두통이라는 의학적 소견만 들을 뿐이었습니다.

일주일에 한 두 번씩 꼭꼭 찌르는 바늘 같은 아픔은 느껴본 사람만이 그 고통을 알 수 있습니다. 마음을 편히 가져보고 가급적 스트레스를 받지 않으려고 애를 쓰고 있는데 뜻대로 되지 않았습니다. 머리가 아프니 매사에 의욕도 없고 아스피린 등 두통약을 먹게 되고 그것이 인체에 도움이 안 된다는 생각을 하면서도 상습적으로 복용 하였습니다.

이제 프로폴리스를 복용한 이후로 자주 아픔을 주던 편두통이 거짓말처럼 사라졌습니다. 업무의 성격상 스트레스와 정신적, 육체적으로 압박받는 일을 하면서도 편두통의 고통에서 벗어 날 수 있다는 데에 무척 만족 하고 있습니다. 다소 약값이 비싸지만 나는 정기적으로 이 약을 복용하고 싶습니다. 자연적인 벌집과 벌꿀로 만든 약품으로 인체에도 장기적으로 무해 하고 항생력을 높여 준다고 알고 있습니다.

세계 각국에서 때 묻지 않은 자연으로 만들어진 벌집 재료를 사용한다고 들었습니다. 무엇보다도 금단현상이나 인체에 해로운 성분은 없다고 확신하고 있습니다.

편두통에 고통 받는 분들, 몸이 나른하고 항상 피곤함을 느끼는 분들에게 프로 폴리스를 권해 드리고 싶습니다. 개인 체질에 따라 그 효과가 다르겠지만 대체적으로 만족할 것으로 확신 합니다. 모든 약이 자기 몸에 맞지 않으면 효험이 없다는 것을 잘 알고 있습니다.

그리고 신토불이 라는 말도 있습니다. 우리 토양에서 우리나라에서 만들어진 벌집에서 만들어진 프로폴리스가 가장 효험이 있을 것으로 생각 됩니다.

많은 제약회사들이 다양한 약품을 만들고 인체에 유용하다고 광고하고 있습니다. 어떤 것은 나름대로 효과가 있을 것입니다. 하지만 나는 자연적으로 만들어지고 오염되지 않은 순수 항생제적인 약이 인체에 도움이 되고 질병을 예방할 것으로 확신합니다.

이렇게 일정한 분야에서 효과가 있는 약품은 관련 기관에서 적극적으로 대량 생산이나 보급, 싸게 공급할 수 있는 방안에 대해 심도 있게 노력해야 할 것으로 생각합니다.

국민의 건강과 질병으로부터의 예방이야말로 건강보험을 튼튼하게 하며, 결과적으로 국가 재정을 건전 하게 하는 것이기 때문입니다. 특정한 약품에 대한 지속적인 연구 개발로 국민들의 장수와 건강한 삶을 위해 노력해야 할 것입니다.

앞으로 어떠한 질병이 나에게 생기고 건강에 적신호가 올지 모르겠지만, 지금 현재는 가장 편안하고 건강 합니다. 이렇게 건강하고 행복한 삶이 오래 오래 계속 되기를 기대합니다.

프로폴리스 순수 생약업체의 발전과 앞으로도 더 좋은 약을 만들어 병으로 고통 받는 사람들과 노약자들에게 건강한 삶과 노후를 보장해 주고 행복을 주었으면 좋겠습니다.

중소기업이 잘 되어야 나라가 발전합니다. 경제 부흥과 일자리 만들기로 누구나 잘사는 강대한 대한민국의 바탕이 되시길 기원합니다.

〈서울 프로폴리스는 대전 이노벤쳐협회장인 이승완 대표가 설립하여 벌집을 원료로 자연 치유적인 약품을 만들고 있음〉

〈편지 5〉

서울 프로 폴리스 창립 기념일에 보낸 편지

열심히 연구하시는 연구원들께 편지를 보냅니다.

태초(太初)에 하늘이
열리고 혼돈의 이 땅에
부패와 변종(變種)을 지키며
억만 년 동안 생명을 지킨 벌이 화석이 되어
우리에게 나타났습니다.

의학의 아버지 히포크라테스
벌집은 세상의 명약(名藥)이라 했지만
내전의 바이오 연구회 작은 사람들이
아픈 사람, 낫게 하고

세상살이 행복 주는
그 귀한 약(藥), 오묘한 생명,
프로폴리스라 하여
세상에 첫선을 보였습니다.

아름다운 자연 담은
깨끗한 벌 집속에는
부패한 세상을 지키며
인간세상의 더러운
피를 달콤한 꿀물로 퍼나르는
예쁜 풀꽃
벌들의 잔치 있습니다.

서울 프로 폴리스 23년
오직 한 곳에서
아무도 돌아보지 않던 척박한 이 땅에서
오직 사람과 자연에 대한 사랑으로
때묻지 않은 순결한 약 찾아낸
여기 이분들은
진정한 과학자
열정의 의학자
불로장생의 꿈이라도 갈망하던
진정한 이 땅의 선지자.

〈편지 6〉

어느 존경하는 교수님의 정년 퇴임식에 드리는 편지

안녕하십니까?

오늘 이 시간 저희들은 경찰 대학생 3,300여 동문을 조국의 간성으로 키워 내시고 청년 경찰의 꿈과 미래를 밝혀 주시기 위해 열정과 헌신을 다하신 박경현 교수님을 떠나보내는 석별의 자리에 함께 하고 있습니다.

30년전 척박한 이 땅에 오늘 27기 졸업생을 배출하기까지 예절과 인격과 애국심과 사랑을 끊임없이 보여주신 교수님께 감사와 존경을 드립니다.

우선 교수님께서는 아름다운 한글 우리글의 우수성과 말하고 쓰는 법을 국어 표현론, 지도자의 화법, 리더의 말 말 말이란 책으로 저술하시어 말과 글의 진실성과 신언서판의 중요성을 늘 말씀 하셨고 훌륭하신 시인이며 수필가의 감성으로 대학 국어, 대학학문, 청람시선, 청람 문고집을 직접 만드셨습니다.

‘민족의 봉사자로 웅보를 내딛는 분들에게 이 시집을 드립니다’ 라는 글귀며 법화산 뫼 줄기에 우뚝 선 전당, 조국의 영광위해 모여든 저희들 대학생활에 늘 간직하는 교가를 작사하시고 이외에도 ‘서울 경찰의 노래’, 전투경찰의 노래인 ‘젊음의 무지개’ ‘어린이 교통대학의 노래’ 등을 작사하시는 등 초창기 경찰의 역사와 전통을 만드시는 일에 열정을 다하셨고 각종 연설문 초안을 잡는 등 대학에 가장 필요하고 궂은 일을 마다하지 않으셨습니다.

또한 정성을 다하는 지극함으로 제자들을 사랑하셨습니다.

움직이는 인명사전이라 불리는 교수님은 그 많은 졸업생들의 이름, 성격, 편지의 글씨체까지 기억하시는 정성은 제자 사랑이 없으면 할 수 없는 일이라 생각되며, 졸업 후에도 부대 방문이나 현장 격려를 하셨는데 공직자로써 명심해야 하는 문구를 졸업생들이 승진, 전보될 때 마다 직접 써서 보내 주셨는데 제가 받아 적어 놓은 문구중에 ‘도리불언 하자성혜(桃李不言下自成蹊)’ 복숭아와 자두 꽃은 아무말 하지 않아도 그 아름다움에 끌려 사람들이 모여들므로 그 나무 아래 자연히 길이 생긴다고 하셨습니다.’

‘위생어렴 신생어충(威生於廉 信生於忠)’,

‘위엄은 청렴한 데에서 나오고 신뢰는 정성을 다하는 데에서 말미암는다.

"탁거구견 이래신의(濯去舊見 以來新意)',

'구태의연한 관례나 행태를 씻어 버려야 새로운 생각이 다가온다.'

'단본징원 척하탕예(端本澄源, 滌瑕蕩穢)',

'근본을 바로잡고 근원부터 깨끗하게 해야 흠결을 닦아내고 더러움을 씻어낸다.' 이런 격려의 문구는 어려운 상황 때마다 생각나게 합니다. 교수님은 '정직'과 '예절'을 강조하고 냉철한 머리보다 따뜻한 가슴을 좋아하셨습니다.

오늘날 전통이 되고 있는 무감독시험제도를 주장하여 정직과 양심을 강조 하고 예절과 신사경찰을 늘 말씀 하셨습니다.

1981년 학보 주간 교수로 경찰대학 학보와 교지, 청람을 발간 지도 하여 지식 교육보다는 시 문학을 통한 감성과 따뜻한 봉사, 소외된 이웃에 대한 탐방, 르포기사를 싣도록 지도 하셨습니다.

마음의 눈, 함께 가는 길, 더불어 사는 삶, 가장 낮은 곳에서 세상을 밝히는 촛불이 되라는 경찰의 소명을 강조 하셨습니다.

죄는 미워하되 인간을 미워하지 말며 상한 갈대를 꺾지 말라는 인간에 대한 사랑을 늘 말씀 하셨습니다.

교수님의 아호는 '안백(安白) 편안할' 안, 흰 '백' 자입니다.

평소 사석에서 당신의 아호를 풀이한 적이 있는데, 고향인 북녘 땅 '황해도 연백군 연안읍'에서 '안'과 '백'을 따온 것으로 망향의 그리움을 달래셨고 편안하게 말한 다는 뜻으로 항상 떳떳하게 살아야 한다는 뜻이고 안분지족의 안과 청렴결백의 백으로 편안하게 자기 분수를 지키며 청렴하게 살라는 뜻으로 풀이 하셨습니다. 이외에도 조크로 안백은 백이 없다, No Back ground 라 하시며, 일생동안 다른 일에 곁눈질 하지 않고 오직 한길, 청년경찰의 양성에 모범과 귀감이 되셨습니다.

이처럼, 교수님의 지난 30여년, 경찰인의 가슴속에 살아 숨 쉬는 훌륭한 업적과 열정, 끝없는 제자 사랑과 무조건의 헌신을 가슴에 묻고 저희들 곁을 떠나시지만, 교수님의 학문적 열정과 정의와 양심에 대한 울림은 가슴속에 살아 있을 것입니다.

이제 제 2의 새로운 인생의 출발선에서 언제나 함께 있는 3300여 졸업생들을 기억 하시고, 대한민국 각지에서 선진 조국의 미래를 견인하는 졸업생들의 표상이 되실 것을 믿으며, 교수님의 앞날에 늘 행복하심과 건강하시길 축원 드립니다.

〈편지 7〉

어느 초등학교 동창생들에게

세월의 무게에 반백의 중년이 된 친구들아
학교를 떠난지 40년, 그동안 어디 있었는가
어디서 살아가는 외로움을 견디었는가
어디서 찬란한 꽃 한 송이 피우려 헤매었는가
어디서 그리움 삭이며 인생 노트를 써 보았는가
이제 어디쯤 왔을까
사랑하는 우리친구 들이여
이젠 중년의 고개도 넘어가고
천둥 폭풍우 치던 거친 삶의 항해를 뒤로하고
가던 길 잠시 멈추어 우리 오늘 여기에 만났구나
힘을 다하여... 꿈을 가득안고
마음을 다하여
그리고 오늘을 위하여
앞만 보고 달려오지 않았는가

이젠 낡은
지갑을 펼치면
반듯한 명함 하나 없고
어느 자리 어느 모임이든

내세울 이름 석자 없는
우리네 늙어 가는 인생
중년의 가을이지만
친구들이 있어 외롭지 않다네
여기 그리움이 있고 추억이 있어
외롭지 않다네
지금까지 어디에서
무얼하고 살아 온지 아쉬움과 후회가 있더라도
그 어린 날 우리 모두가 놓치지
않은 추억 있어 행복하게 살아가지 않았는가

그래...
이제 우리 삶이 어디로
흘러서 갈 것인가를 걱정하지 말자
아쉬움도 미련도
앨범속 그리움으로 간직하고
내일을 더욱 아름답게 하리라

눈보라 몰아치고 차가운 바람이 귓불을 때리지만
이 겨울 지나면 새순 돋고 꽃피는
찬란한 새봄이 온다는 것을 알지 않는가
돌려받은 돌아온 내 청춘 아닌가
마음이 젊으면 젊은이 이고
마음이 행복하면 행복하지 않는가

자아 친구들이여
여기 추억의 앨범을 새롭게 그려보자
아름다운 우정, 그리고 사랑
사람의 향내를 이곳 바닷가에
널리 뿌려 내리라

새해 새아침과 함께 새로운 출발을 기원합니다.

별빛따라.. 달빛따라..

달도 잠든 새벽 홀로 깨어
첫날밤 처럼 달콤했던 경찰 제복에 모자쓰고
첫발 두발 한번도 쉬지않고
40년간 걸어가던 사람 있었다.

찬 바람이 마른 나무를 흔들어
들창을 때리는 것이
제 오래된 그림자인 줄 모르고
새파란 가슴을 쓸어 내리던 사람이었다.

그런 어느날
환한 달빛이 어둠을 몰아내던 날
그 사람은
봄빛 가득한 세상살이 향내를 맡으며
처음 달려 오던 걸음으로 우리를 떠난다.

칠흑같은 세상살이 밝게 빛나소서.....!

아픔이 밀려 오거들랑
별빛 가득한
고향 들판을 생각하소서.

때로는 한낮보다 환한 밤에는
부끄럽게 숨지 않던 밝은 달빛 생각하소서.

세상 잠들때까지 온 밤을 밝히던
그날의 별빛, 달빛 가득 하소서.....!!!

〈편지 8〉

그리운 엄니에게 드리는 편지

몇년 전 어버이날을 앞두고, 공주에 있는 노인 전문병원에 계신 어머니를 찾아뵈었다.

벌써 8년째, 병상에 계신 어머니는 표정 없는 눈동자에 가냘픈 손가락, 근육이라곤 찾을 수 없는 넙적다리를 이불에 숨기고, 창밖에 날아다니는 노랑나비를 쫓고 있었다.

올해 82세, 오랜 병상생활이지만 그래도 날마다 맞이하는 아침 햇살이 반갑다고 하시며 새벽이면 일찍 일어나신다고 하신다.

지난번 찾아 봬 올 때는 나를 조금은 알아보시던데, 이젠 알아보시지도 못하신다. 누구냐고 자꾸 묻는 당신의 눈망울을 피할 수 없어 뒤돌아서서 눈물지었다.

한평생을 농사일만 하시다가 내가 이만큼 커 버리자 처음에는 온몸이 아프시다고 병원에 입원하셨다. 그리고 결국 치매로 더욱 악화 되셨다.

기약 없는 병상일기, 아마 병원에서 퇴원하시기는 어렵다고 하신다. 언젠가 닥쳐올 이 세상의 마지막 소풍을 병상에서 지내시려나 보다. 1주일에 한 번뿐인 병원 방문이지만 돌아 올 때면 찡하니 마음이 무겁다. 안타까움이 가슴 저민다.

산다는 것은 다 이런 것인가? 어디서 나서 어디로 가는지 모르는 우리네 삶에서 우리 엄마는 온통 생의 마지막을 병원에서 보내신다. 방문하던 그날도 산 밑에 있는 노인병원 정원에 다 그러하신 노인분들 100여명이 무표정하게 앉아 계신다.

멍한 눈동자, 흐느적거리는 손짓, 발짓, 뼈마디가 앙상한 애처로운 당신의 모습들이 가슴 아프게 한다. 일찌감치 아내는 어머님의 수의를 미리 준비 하자고 하여, 부드러운 모시로 약간은 고급스런 수의와 관을 준비했단다. 아직도 어머님은 저리 정정 하신데, 그것이 불효는 아닌가 생각 하면서도 살아 계실 때 준비하고 편히 모실 생각을 하는 것이 그리 잘못된 생각은 아닌가 한다.

40여년을 한결같이 같이 하신 어머님이지만 이제 나의 힘으로는 어머님을 다시 회복시킬 수 있는 방법이 전혀 없는것 같다.

다시 건강하게 해드릴 수도 없고, 예전처럼 밝게 웃으시는 것을 볼 수도 없고 다시 젊은 시절 그 따사로운 어머님의 손길도 기대하기 어렵다.

가는 것이 세월이라지만 이리도 무심하게 흘러가는 시간 앞에서 나는 무기력한 존재인가 보다.

내가 어린시절 살던 동네는 면소재지에서 4km 떨어져 있는 시골 마을이다. 닷새에 한번 열리는 시골 장터에 어머님이 가는 날이면 나는 이제나 저제나 엄마 오실 때만을 기다렸다. 그 긴 지루함은 기다림으로 승화 된지 오래다. 장터로 나있는 언덕길, 찬바람을 피할 수 있는 둔덕이 나의 놀이터였다.

장에서 돌아오시는 어머니의 보따리에는 눈깔사탕도 있고 뻥튀기도 있고 약과, 강정도 있었다. 그 달콤한 맛에 시큰거리는 입을 앙 다물고 한 나절을 서성인 적도 있다.

세월이 흘러 고등학교 시절, 시골에는 고등학교가 없어 멀리 시내에 나와 자취를 하면서 밥도 해먹고 반찬도 해보고 연탄도 갈아보면서 날마다 일상의 힘든 하루를 보내던 날, 연락 없이 불쑥 찾아오신 어머니의 보따리에는 여러 가지 밑반찬과 갓 묻힌 겉절이, 김치, 그렇게 내 고등학교 시절 3년을 지켜 주셨다.

이젠 나도 자라서 다 커버린 아들이 있다.

당신이 한 것처럼 나도 아들들이 사랑스럽다.

가끔 친구처럼 손잡고 마을 뒷산에 오를 때가 가장 행복하다.

전에는 몰랐던 부모라는 것에 대한 생각, 아버지라는 생각, 그리고 산다는 것이 무엇인지 늘 생각 하게 된다.

얼마 후면 어머님은 우리 곁을 떠나실 것이다.

당신이 처음 오신 그곳으로 먼 여행을 떠나실 것이다.

허연 머리 곁에 지나온 세월이 아무것도 생각나지 않는 하얀 종이를 머리에 이고 그냥, 날마다 병상에 누워 계신다.

어찌 할 수 없는 간절한 그리움, 내가 받은 그 한없는 사랑과 보살핌을 나는 내 아이들에게 베풀어 주는지, 그리고 날마다 잠드는 시간이면 어머님의 병상이 뚜렷이 머리맡에 어른거린다.

세월을 뒤 돌릴 수 없을까?

어떻게 살아 온지 영문도 모른 채, 나도 삶의 종착으로 한 걸음, 한걸음 다가가고 있다.

어버이 은혜는 하늘같아서, 살아계실 때 그 효도 다해야 하는데, 지나간 세월들이 야속하기만 하다.

사랑하는 어머니, 부디 건강하시고, 날마다 편안 하셔요.

어느 봄날, 아들이 드립니다. 〈그리고 2년전 타계하셨다.〉

〈편지 9〉

동료들에게 봄소식 전합니다.

입춘(立春)을 앞두고 봄의 기운이 꿈틀대는 2월을 맞이하여, 치안현장에서 열심히 근무하고 있는 세종경찰 가족 여러분의 노고를 되돌아봅니다.

올겨울 유난히 폭설과 혹한을 겪었지만 얼어붙은 얼음장을 뚫고 흐르는 시냇물처럼 새로운 시작을 알리는 봄은 우리 곁에 다가온 듯 합니다.

오늘은 2월의 첫날입니다.

2월을 뜻하는 February는 정화, 깨끗함을 뜻하는 라틴어 Februare에서 기원하고 있습니다. 2월은 마음을 정화시키고 다가오는 봄을 새롭게 맞이하자는 의미입니다. 2월은 새롭게 정화하고 시작하는 계절입니다.

새롭게 시작하는 2월의 의미처럼 새롭게 정화시키는 계절로 불필요한 절차나 권위의식은 버리고 깨끗하고 공정한 자세로 국민이 진정 원하는 일에 정성을 다해야 할 것입니다.

경찰에 바라는 국민들의 기대수준은 날로 높아가고 있습니다. 도민들의 평가는 작은 실수나 잘못에 냉혹하기에 법과 원칙, 규정과 상식에 따라 경찰이 운영되어야 하는 이유입니다.

이제 새로운 각오로 과거의 훌륭한 전통과 업무성과는 더욱 발전시키고, 부족한 부분은 새롭게 채우고 다듬는 경찰을 기대합니다. 그러기 위해서는 전 직원들의 화합과 단결이 절실히 필요합니다.

손자병법에는 천시불여지리지리불여인화(天時不如地利地利不如人和)라 했습니다. 화합과 단결, 소통이야말로 오늘날에도 성공적인 조직의 가장 중요한 요소라고 생각합니다.

미국 FBI 홍보판에 새겨져 있는 문구, 「범죄를 제압하는 최상의 무기는 협동」(The best weapon to fight against the crime is cooperation)이라는 글귀는 범죄와 싸우는 법집행기관과 유관관련 기능이 유기적이고 완벽한 협동이 법질서 수호의 가장 중요한 요소임을 설파하고 있습니다.

모든 경찰 가족분들, 민족의 최대 명절 설을 맞아 모든 치안현장에서 더욱 정성을 다하고, 안전하고 편안한 2월 되시길 기원합니다.

〈편지 10〉

동료들에게, 희망의 편지 보냅니다.

겨울잠을 자던 개구리 · 뱀이 놀라서 세상에 나와 울고, 날씨가 따뜻해서 초목의 싹이 돋는다는 경칩(驚蟄)을 앞둔 3월을 맞이합니다.

3월은 영어로 March라고 합니다. 로마의 전쟁 신을 Mars라고 했고, 3월에 전쟁을 많이한 로마에서 3월을 March로 이름 지었는데, 용감하게 새로운 출발을 한다는 의미를 가지고 있습니다. 새봄, 만물이 소생하고 하늘과 땅에 생명의 기운이 가득한 3월에

는 우리 세종경찰 가족이 새로운 출발로 크게 비약하는 새봄이 되기를 기원합니다

1919. 3. 1.(음력) 12:00, 천안 병천 아우내 장터에는 유관순 열사의 주도하에 약 4,000여 명의 군중이 모여 일제의 총검에 맞서 대한독립만세를 외쳤습니다.

아우내장터에서만 49명의 사상자가 발생했고, 유관순 열사는 체포되어 모진 고문 끝에 1920년 10월 12일 18세의 꽃다운 나이에 비석도 무덤도 유품도 하나 없이 오직 수의를 입은 사진 한장만을 남겨두고 이 땅을 떠났습니다.

유관순 열사의 나라 사랑과 목숨을 바친 민족애는 오늘을 사는 우리에게 진한 감동을 주고 있습니다. 이처럼 우리 충남경찰 가족이 일하는 치안현장인 한국의 중심 충남은 충절의 고장입니다. 국가적 위난에는 한 몸을 던져 희생한 호국 선열들의 애국심이 면면히 흐르는 지역입니다.

3 · 1절 행사를 마치며 충절의 고장 세종의 치안책임을 맡은 것을 더욱 소중하게 생각하며, 여러분도 봉사와 질서, 희생과 헌신의 애국심을 되돌아보았으면 합니다.

그리고 다음을 합시다.

우선, 새봄맞이 대청소로 깨끗한 근무 환경을 만들고 민원인에게 단순하면서도 신속하게 서비스를 할 수 있는 아늑한 청사 분위기를 만들도록 합시다. 수년 동안 방치된 표어 · 안내판과

오래되고 색 바랜 집기들은 우리 마음도 어둡고 칙칙하게 합니다. 불필요한 책, 문구, 집기, 표어 등은 정리하고, 깨끗하고 단순한 사무실 환경을 만듭시다.

그리고, 평상시에는 조용히 근무하더라도 위기 상황이나 돌발 변수가 발생하면 차분하고 숙달된 업무처리 능력을 체득하여 슬기롭게 업무를 처리해야 할 것입니다. 세종경찰의 7대 액션플랜을 실제로 할 수 있는 계획으로 구체화하여, 역동적이고 창의적으로 일을 추진해야 할 것입니다.

또한, 업무에 대한 열정과 상상력을 가지고 현장을 파악하고, 합리적인 해결책이 제시되어야 할 것입니다. 누가 무엇을 언제까지 어떻게 하도록 구체적으로 지시해야 합니다. 업무에 대한 열정이 없거나 생각과 마음이 없으면 보이지 않습니다.

누구든지 현재 근무하는 곳의 주인이라는 마음가짐으로 주인의식을 가지고 자율적으로 일해야 할 것입니다.

끝으로 지역사회 주요 현안에 주도권을 가지고 주요 상황에는 제때 제대로 보고하고 적정한 파악과 이해만이 올바른 판단과 해결책이 나올 것입니다.

3월에는 호국 선열들이 뜨겁게 사랑한 충남과 세종 지역의 안전한 치안에 더욱 정성을 다하며, 주민들의 삶의 현장에 낮은 자세로 정성을 다하기를 기대합니다.

〈편지 11〉

산과 들에 봄꽃이 망울을 펴는 4월에

〈4월 어느날 천안함 사고를 애도하면서〉

어제부터 내리는 봄비는 서해 천안함 침몰사고를 애도하는것 같습니다. 목련꽃 망울 아래서 아름다운 생명의 기쁨을 느껴야 할 계절을 맞이하였는데도 무겁고 안타까운 마음을 금할 수 없습니다.

천안함 폭침으로 아들을 잃은 가족들과 국민의 아픈 마음을 어루만져 주기를 기원하면서, 또한 목숨을 건 구조작업 중 순직한 고(故)한주호 준위님의 명복을 빕니다.

우리는 이러한 국가적 어려움에 직면하여 비상근무체제를 확립하고 각종 자체사고 요인을 다각도로 재점검하는 한편, 발생할 수 있는 여러 위기상황과 돌발 상황에 대한 사전 대비를 철저히 해야 할 것입니다.

국민의 생명과 재산을 지키고 법질서를 확고히 유지하면서 국민이 안전하고 행복한 삶이 되도록 봉사하는 것이 경찰의 기본 책무이며, 이러한 일상에 충실하고 만약의 사태에 대비하며 대응역량을 높여가야 할 것입니다.

설마 하는 방심과 순간의 실수, 안이한 판단이 엄청난 사건·사고가 된다는 것을 늘 생각해야 할 것입니다.

나사, 볼트 하나의 느슨한 조임으로 열차가 탈선하고 대형 사고로 이어질 수 있다는 사실을 늘 생각하여 작은 것에도 세밀하게 정성을 다해야 할 것이다.

안이한 업무처리가 사회적 비난이 되고 국민들에게 크나큰 불안을 주며, 조직의 신뢰를 저해하는 요인이 된다는 사실을 유념해야 할 것입니다.

우리 경찰 창설 68년 전통으로 축적된 우수한 치안 역량을 바탕으로 어떠한 어려움도 이겨내고 안정적인 치안으로 전 국민의 가슴속에 사랑받는 경찰을 기대합니다.

〈편지 12〉

가정의 달,
오월을 동료들에게 드립니다.

가장 아름답고 쾌적하여 계절의 여왕이라는 「가정의 달」 5월입니다.

치안현장은 편안하고 안정되었으며 향상된 치안성과는 여러분의 헌신적인 마음가짐과 근무자세 때문이라고 생각합니다.

우리는 "공든탑이 무너진다" 100-1=0, 이라는 속담을 생각하면서 다음을 당부 드립니다.

항상 기본에 충실하면서 만약의 사태와 미래를 대비해야 할 것입니다.

IT 사회의 급속한 발전과 함께 주변 치안환경은 하루가 다르게 변화 하고 있으며, 각종 예기치 못한 돌발 상황과 사건사고가 늘 주변에서 발생하거나 예견되고 있습니다.

기본에 충실하면서 더욱 발전하기 위한 대응역량을 키워 가야 할 것입니다. 작은 것에도 최선을 다하고 사소한 양심과 공직윤리를 거스르지 말아야 할 것입니다.

5월은 어린이날, 어버이날, 성년의 날, 부부의 날이 있는 가정의 달입니다.

오늘날, 흉포한 범죄와 각종 사회 병리현상은 건강하지 못한 가정에서 시작합니다.

'건강한 사회의 출발은 가정에서 부터' 라는 평범한 진리를 되돌아보며 5월에는 가정의 소중함을 느끼며 자라나는 어린이와 외로워하시는 노인과 어버이를 생각하는 기간이 되었으면 합니다.

여러분은 대부분 한 가정의 소중한 가장으로서 5월에는 못다한 가족 이야기를 만들고 가족의 소중함을 가슴속에 품어내기를 기대합니다.

행락철 교통안전과 환절기에 건강 유의 하시고 각 지역의 치안현장에서 열과 성을 다해 근무하는 모든 분께 깊은 격려를 드립니다.

〈편지 13〉

보훈의 달 유월을 맞아 순직경찰 가족에게.

호국보훈의 달 6월을 맞이하며, 나라를 위해 목숨을 바치신 선·후배 경찰 동료 분들의 숭고한 희생을 기리고 삼가 명복을 빕니다. 아울러 유가족 여러분께도 깊은 위로의 말씀을 드립니다.

지난 현충일에 국립대전현충원, 대둔산충혼탑, 금산 육백고지 충혼비 등을 참배하면서, 저는 한 가정의 가장으로서, 부모를 모시는 자식의 입장에서 밀려오는 슬픔을 가슴 깊이 느끼며 여러분의 심정을 조금이나마 헤아려 보았습니다.

또한, 같은 길을 걷고 있는 동료 경찰관으로서 무거운 책임감을 느꼈습니다. 우리 후배경찰이 순직경찰관 및 유가족 여러분을 대함에 있어 그동안 소홀했던 점은 없었는지 되돌아보았습니다.

선진각국은 국가를 위해 헌신 하신 분들의 숭고한 정신을 기리고 늘 명예롭게 추앙하며 그 유가족을 영구히 보살피는 보훈제도가 널리 활성화 되었습니다.

엊그제 신문에 보도된 6 · 25 참전 유공자분들의 곤궁한 삶을 읽어 보고 오늘날처럼 자유롭고 번영하는 대한민국을 위해 헌신하신 선열들에 대한 국가적 책임이 많이 부족한 것을 보고 놀랐습니다.

제주 4.3 사건 피해자와 광주 민주화 운동 희생자 유가족들에게 적정한 보상을 하고 있는데, 6 · 25 참전 용사들과 월남파병 참전 유공자, 고엽자 피해자등에 대한 보상이 부족함을 보고 이제는 개선되어야 함을 느꼈습니다.

경찰도 수많은 선배 경우분들이 6 · 25전쟁과 공비토벌작전 중에 순직했으나 충분한 보상이 이루어지지 못하고 있습니다.

보훈 가족 여러분!

개인보다 국가를 먼저 생각했던 순직경찰관들의 그 거룩한 정신이 우리 사회의 안전과 번영의 토대를 이루고 있습니다. 그 숭고한 뜻을 널리 기리고 유가족 여러분이 대대로 명예와 긍지를 가지고 사실 수 있도록 예우하는 것은 국가와 저희 13만 경찰의 당연한 책무라고 생각합니다.

앞으로 순직경찰관의 장례절차부터 유가족 지원, 사후 추모활동까지 제반사항을 세세히 살피며 고인들의 숭고한 희생정신을 경찰정신으로 승화시키고 후배경찰관들이 계승할 수 있는 추모관이 건립 되어야 할 것입니다. 조국은 또 다른 우리의 이름입니다. 호국은 오늘을 사는 우리의 의무입니다. 보훈은 미래 세대를 위한 우리의 도리라고 생각합니다.

앞으로도 고인들의 희생정신이 모든 경찰관의 가슴 속에 생생히 살아 숨쉬고, 후대의 귀감으로 남아 결코 헛되지 않도록 노력해야 할 것입니다.

가족을 잃은 슬픔은 무엇으로도 보상될 수 없겠지만, 앞으로 후배경찰관들이 경찰가족 여러분의 아버지이자 형제, 아들·딸이 되어 자주 찾아뵙고 마음 편히 쉬실 수 있도록 노력하겠습니다. 다시 한번 삼가 고인들의 명복을 빌며, 유가족 여러분의 가정에 항상 평안이 깃들기를 기원합니다.

〈편지 14〉

산과 바다가 손짓하는 팔월을 맞이하며

산과 바다, 낯선 곳으로 하계휴가는 다녀오셨는지 지난 폭우와 산사태로 소중한 어르신들이 사고를 당하신 것을 가슴 아프게 생각하면서, 침수된 농경지등 피해 복구에 수고 많았습니다.

7월 27일 한국 전쟁 종결 60 주년을 맞이하여 자유 민주주의와 동맹국의 안전을 위해 참전했던 미국에서는 희생자를 추모하는 조기를 게양하고 조국에 헌신한 선열들을 기리는 것을 보았습니다.

오늘을 사는 우리는 늘 호국과 보훈의 의미를 생각해야 합니다.

조국을 위해 헌신하고 희생한 분들을 추모하고 남겨진 가족들을 보살피고 존중하는 미국 문화와 전통이 강대한 미국의 힘이 아닐까 생각해 봅니다.

지금은 “소통”의 시대입니다. 소통은 먼저 내미는 손에서 시작됩니다. 고객의 요구를 살피지 않은 기업은 살아남기 어렵고 직원들과 소통하지 못하는 관리자는 성공하기 어렵다고 합니다.

리더가 비전과 목표를 외치지만 현장직원들은 의례적인 구호로만 여기는 것은 아닌지, 현장 직원들이 두터운 벽속에서 끼리끼리 문화 속에 겉돌고 있는 것은 아닌지 냉정히 살펴보는 것도 필요합니다.

상대의 입장을 이해하려는 꾸준한 노력, 격의 없는 스킨십, 현장직원 입장에서의 낮은 자세, 보고 싶은 것만 보고, 듣고 싶은 것만 듣지 말고 남이 나를 알지 못함을 서운해 하기보다 내가 남을 알려고 하는 열린 마음이 있으면 진정한 소통은 이뤄질 것입니다. 연초에 각 기능별 치안성과 향상에 대한 회의가 있었지만, 일할 맛 나는 소통과 화합의 분위기가 넘쳐 흐르면 각종 성과 지표도 크게 향상 될 것으로 확신합니다.

범죄를 제압하는 최고의 수단은 각 구성원의 유기적인 협력과 공조입니다. 치안현장에서의 소통과 화합을 통해 가장 역량있는 조직으로 발전하고 이러한 분위기는 우수한 성과로 나타날 것입니다.

최근 전국적으로 아동 성폭력 사건 등으로 사회적 불안이 가중될 때, 우리 경찰에서는 성폭력 전력자가 초등학교 여학생을 납치 하려는 것을 주민의 신고와 신속한 출동으로 검거하여 자칫 대형 사건으로 번질 범죄를 조기에 예방한 바 있습니다.

이러한 성과는 평소에 경찰서와 파출소가 지역주민과 신뢰와 소통이 있었기에, 작은 것도 소홀히 하지 않은 주민의 신고가 일구어 낸 격의없는 소통의 성과라고도 생각됩니다

인간의 존엄성에 대한 존중, 타인의 자유와 권리에 대한 보장, 민원인에 대한 배려, 존중, 입장의 이해, 경청, 그리고 신뢰는 소통과 화합의 첫 걸음이며 경찰활동의 시작일 것입니다.

하반기에는 성과향상을 위해서도 업무 과정과 시스템의 개선, 보완으로 세종경찰서의 치안역량이 향상되도록 조금씩 개선시켜야 할 것입니다.

아울러 8월 무더위와 장마철을 맞아 청사관리와 식중독등 위생상태를 점검하고 산사태, 집중호우, 태풍 등 피해도 점검하고 성폭력, 아동 안전등 치안현안들을 슬기롭게 추진해야 합니다.

하계 휴가는 재충전의 시간입니다. 산과 바다, 자연이 부르는 노래를 들으며 안전하고 행복한 가족과의 휴가를 기대합니다. 문득 자주 암송하던 파도가 밀려오는 바닷가 시가 생각납니다.

사는 길이 높고 가파르거든
바닷가
하얗게 부서지는 파도를 보아라
아래로 아래로 흐르는 물이
하나 되어 가득히 차오르는 수평선
스스로 자신을 낮추는 자가 얻는 평안이
거기 있다.
사는 길이 어둡고 막막하거든
바닷가
아득히 지는 일몰을 보아라
어둠속에서 어둠 속으로 고이는 빛이
마침내 밝히는 여명
스스로 자신을 포기하는 자가 얻는 충족이
거기 있다.

오세영 시인의 '바닷가' 에서의 시처럼 8월에는 푸른 바다 저 멀리 지평선을 보면서 삶을 관조하고 가족과 함께 쉬시고 피서 분위기에 일어날 수 있는 충동적 일탈행위가 없는 안전하고 편안한 하계휴가를 기원 드립니다.

〈편지 15〉

아이같은 어른, 예쁜 얼굴이지요.

꽃보다 더 예쁜 아이들에게 편지를 씁니다.

동심이 있는 사람은 아름다운 사람, 행복한 사람입니다.

아름다운 우리말을 하면서 쓰고 읽는 아이들은 행복합니다. 이렇게 예쁜 목소리로 동시를 읽어 주는 아이들이 있어 행복합니다.

아이들의 세상이 예쁘고 고운 동심이 피는 꽃밭이 되도록 어른들이 가꾸어야 합니다. 동시를 통해 이를 실천하는 분이 있어 행복합니다.

가을, 고양이, 아기구름, 나무, 눈꽃, 은행나무, 잠꾸러기, 허수아비, 아이들이 바라본 세상이 여기에 있습니다. 아이들의 눈에 비친 세상, 아이들이 살아갈 아름다운 세상이 여기에 있습니다. 빨, 주, 노, 초, 파, 남 ,보, 무지개꽃 피었네, 착한 마음, 예쁜 마음 사랑 가득 무지개 (무지개에서) 이 세상에서 가장 빛나는 언어로 아이들이 그린 예쁜 무지개가 보입니다.

동시가 세상에 있다는 것, 아이 어른, 부모, 선생님이 함께 읽는 동시는 이 땅의 자랑일 것입니다.

그래서 이런 따뜻한 마음, 아이 같은 어른이 우리와 같이 살고 있다는 것은 행복이요, 축복일 것입니다.

처음처럼, 지금처럼 앞으로도 아이들의 오랜 친구가 되어 대한민국의 꿈나무를 키우는데 혼신을 다하는 시인의 기쁨을 같이 합니다.

천진한 아이 얼굴은 어른의 아버지 입니다.

4장

따뜻한 마음으로

눈발이 몰아치는 한해의 끝자락에서

임진년 끝자락이 달랑대는 달력을 펼친다. 세월이 빠르다. 인생이 빠른 것인가?

우물쭈물하다 내 언젠가는 이럴 줄 알았다는 어느 극작가의 말처럼 인생에서 사십 끝줄은 무척 빠른가 보다. 오랫동안 소원했던 사람들과의 송년회가 끝나고 불 꺼진 극장에서 나온 것처럼 허전함이 밀려온다. 그런 날이면 아침 해를 보려고 조치원 미호천변 연꽃정원에 만들어 놓은 눈 얼음판을 걷는다. 어린 겨울 날 온종일 얼음위에서 화톳불을 쬐보던 그런 날들이 생각난다.

저 만치서 아이들이 스케이트도 하고 간혹 눈 썰매도 보인다. 얼음을 지치는 것은 예나 지금이나 동심을 끌어내오나 보다. 나도 얼음 위에 누워 보기도 한다. 저 만치서 떠오르는 아침 해

를 보는 행복을 누리기도 한다. 무덥던 여름날의 기억 사이로 간혹 살을 에이는 칼바람도 정겹다.

다사다난 했다는 말이 어울릴 듯, 어느 해보다도, 어느 곳 보다도 충남경찰은 힘차게 달려온 한해였으리라. 세종시의 출범, 정부청사의 이전, 내포 신도시의 시작등 밀려오는 치안수요에도 적극적으로 대처했다. 소극적인 치안 서비스가 아니라 적극적이고 능동적으로 앞장서 달려갔기에 이룬 치안 성과가 아닌가 한다. 내부 직무만족도, 민원인 고객 만족도도 전국 상위권이다. 그리고 노인안전 대통령상 수상, 장애인 보호 인권상 수상등 어느 기관도 평가 받지 못했던 성과를 거두었다. 건국과 구국, 호국과정에서의 충남경찰 68년을 되돌아보는 충남경찰 호국경찰사 편찬이나 어르신이 행복한 사회 백서 발간, 다양한 치안현장의 매뉴얼 제작등 치안역량을 한 단계 업그레이드 시킨 보람 있던 일년이 아닌가 한다.

세종경찰서도 새롭게 증가하는 시민의 바램(needs)에 선제적으로 대응하고 있다.

주민만족 실천, 3 S 운동의 내실화, 세종경찰 비전 전략 실천등, 돌아보면 큰 잘못은 없었던 것 같다. 경찰이 친해졌다며 친절해졌고, 함께 하고 싶다거나, 모든 일에 적극적이라는 말들을 들을 때마다 기분이 좋다.

총리실을 비롯하여 기재부등 정부 6개 부처가 입주를 마무리하고 정부 예산안 확정 등 국정수행에 한창이다. 엊그제 정부청사 개청식과 함께 힘차게 출발했다.

정부 청사 주변 종합치안 대책도 차분히 진행 되고 있다. 교통외근 사무실을 청사 주변에 마련하고 교통초소 2개소를 신설하고 청사 주변 취약지에 방범 순찰과 거점 근무등 가시적이고 안정적인 치안활동을 강조하고 있다. 간혹, 하품하는 경찰이 많은 사회가 안전한 사회이고 행복한 사회라고 생각 하지만 어디 하품이나 하면서 편히 쉴 수 있는 날은 언제쯤일까?

직원들이 별로 할 일이 없이 하품하면서 이야기나 하다가 모처럼 일이 생기면 신나하며 뛰어나가는 경찰의 모습은 몇 년 후의 모습은 아닐까?

잘 사는 선진사회가 되면서 시민들의 민주 질서 의식도 높아졌고 또한 권리와 인권에 대한 인식도 높아졌다. 절차와 과정을 중시하고 결과가 좋더라도 과정에서 흠이 있다면 추궁이 엄중하다. 얼마 전 대통령선거 관련 완벽한 경비, 경호에 한치의 실수없이 임무 수행해 준 직원들이 고맙다.

경찰은 법 집행자, 범죄 예방자에서 벗어나 문제를 해결하고 갈등을 조정하고 어려운 사람들을 도와주는 경찰로 발전하고 있다. 물론 시민들의 바램도 마지막까지 의지하고 도움을 받을 수 있는 경찰을 원하고 있다. 믿고 의지할 수 있는 경찰, 그것은 고객이 만족하고 모두가 공감하는 치안 서비스를 해야 하는 것이며, 지금처럼 앞으로도 계속될 경찰의 진정한 사명이 아닐까?

대설 주의보가 내려 금방이라도 눈발이 퍼부을 것 같은 날씨가 금년도 끝자락을 하얀 설원으로 덮을려 한다. 온통 하얀 눈꽃을 피운 나뭇가지들이 바람에 흔들린다. 햇빛을 받아줄 그 무성했던 잎들은 다 떨어졌지만, 새봄의 꿈과 따뜻함을 알기에 나무들은 가지를 축 늘어뜨리고 혹한을 이기며 겨울잠을 자기도 한다. 때로는 찬바람에 부르르 떨기도 한다. 그렇게 한 두달만 지나면 새 꿈을 꾸는 초록의 향연이 기다릴 것이다.

대한민국 경찰, 눈발이 거치고 추운 겨울 지나면 다시 꽃피고 새순이 나뭇잎에 맺히는 자연의 이치처럼, 시민의 가슴속에 애증으로 피워 왔던 오랜시간의 기다림을 완벽한 치안으로 안전하고 행복한 세상속에 피워 내리라. 새해에도 모든 분들 복 많이 받으시길.

나는 누구에겐가
한번 쯤 뜨거워 본적이 있는가?

어제는 사랑의 열매 성금 전달을 위한 행사가 있었다.

종잇장 속에 지폐를 넣어 사진을 찍으며 성금을 전달하였다.

사진 찍으려고 성금을 전달하는가 하는 자괴감이 들기도 했지만 이렇게 모여진 돈들이 소외층에 따뜻한 겨울을 나도록 지원 된다고 한다.

사랑의 열매, 눈금자의 계기판이 높게 올라간 하루였다. 연말

연시에 때때로 생색내기용 성금전달은 아니었는지, 세종시는 한 해 동안 사랑의 열매 모금에 5억 원을 목표로 한다고 한다. 많은 기업체의 총무과 직원들이 긴 줄을 서서 순서를 기다리는 모습을 보면서, 이 사회는 사랑을 나누는 진정한 온도는 몇도 인지 돌아다본다.

내가 먼저 베풀 때 그것으로 인해 나의 삶은 더 풍요로워 지지 않을까?

가장 낮은 곳에서 어두운 곳에서 어려운 이웃들과 함께 하는 한 끼의 식사가 정월 대보름의 추위를 따뜻하게 녹일 수 있지 않을까 생각해 본다. 내가 베푼 작은 선행들, 이웃에 대한 작은 관심과 배려, 사랑이 조금씩 채워진다면 나의 마음은 샘물에 물고이듯 더욱 채워지는 것이 삶의 이치리라.

명심보감에는 자식에게 재산을 물려주고 명예를 물려주고 학식을 물려 주는것 보다 더욱 가치 있는 것은 음덕을 쌓아, 즉 어려운 이웃을 보듬는 덕을 쌓아 후손에게 물려주는 것이 가문을 흥하게 하는 가장 좋은 방책이라 하였다. 올해에는 모든 것이 헛되고 덧없다 하는 세상에서도 풍성한 마음, 그득한 마음의 곳간을 새로 지어 보아야 한다.

연탄불은 살아 있을 때는 뜨거운 온기로 사람을 보듬지만 다 타버린 재가 되어서도 얼어붙은 도로에서 넘어지려는 사람을 안전하게 지킨다.

사람으로 태어나서 한번쯤 뜨거워지는 연습도 해보고 때로는 다른 사람의 화덕이 되어 밤새도록 안방 마루를 뜨겁게 달구는 것은 어떤가?

세상은 살만하고 그래서 우리네 인생은 더욱 아름다운가 보다.

한번 쯤 생각해 보면 어떨까?

나는 누구에게 한번 뜨거운 연탄 이었는지를,

사람 향기 나는 경찰 이야기

새해의 시작이 춥다. 연일 계속된 눈과 찬바람이 매섭다. 추운 날에는 나보다 더 추운 사람을 생각해야 할 텐데, 문풍지 사이로 밤새도록 찬 공기가 휘돌던 어린 날들이 생각난다.

지난 한해 동안 학교 폭력이나 문제가 있어 경찰과 상담기관이 확인한 학생은 70여명, 대부분 사소한 다툼이나 친구들과의 불화로 신고 되거나 문제가 되는 경우가 대부분이다.

학교 폭력 피해 사건이 접수 되면 관련사항에 대한 확인 없이 대상자를 수사하고 형사 입건 하지는 않는다. 학교 폭력 심의 위원회에 상정해서 위원들의 의견을 듣고 전문가들의 자문을 듣고 형사처리 여부를 결정한다. 대부분 학교 선도 책임으로 학생들의 개선과 자체 교육으로 반성의 기회를 주고 재발방지에 주력한다.

서로 진술이 엇갈리기도 하지만 대부분 경미한 사건이 대부분이다. 얼마 전에는 대통령 선거 기간 중에 호기심에 후보 벽보를 찢고 도려낸 모 중학교 3학년 학생에 대한 조사가 있었다.

사건이 신고 되고 현장에 가 보니 특정 후보의 얼굴만 칼로 예리하게 찢겨져 있는 것이다. 엄정한 대선 관련 치안 활동 과정에서 수사하기에 쉽지 않은 사건, 모든 직원들이 매달려 벽보 주변 동선의 CCTV를 확인 하고 시간대를 분석하여 용의자를 중학생들로 확인하고 탐문수사에 임했다. 이틀간의 수사 결과 결정적인 용의자인 중학교 학생의 사건 경위 진술을 받아 내고 목격자와 증거도 확보 하였다.

어이없는 사건이었지만 정식으로 형사 입건하기에는 학생의 나이가 적었고 동기도 없었다. 다만 학교에서 무리를 지어 다니며 얼짱 분위기를 조성하는 학생으로 확인 되었다.

검찰과 협의 하여 불문에 붙이고 훈방하기로 하였다. 학생의 부모들과 학교 당국의 선처 요구가 있었지만 소위 촉법소년을 선거법 위반 사범으로 입건하기에는 죄질이 경미했다. 세상물정 모르는 나이의 아이들이기에 이들에 대한 선처가 더 큰 실익을 가져 올 것이리라. 문득 23년 전 천안 경찰서에서 어느 파출소장으로 근무 할 때 일들이 생각났다.

중3학생이 후배 학생의 가방을 뺏어 천원을 갈취한 사건, 그 과정에서 폭행도 있었다. 죄질은 중했지만 파출소장으로 엄중히 훈방 하였다. 물론 상습적으로 후배들을 괴롭힐 수도 있었지만 그 뒤로 그 학생이 잘못 되었다는 소식은 없었다. 지금쯤 아마, 40살이 넘어 아이들을 키우는 가장이 되어 있겠지.

엊그제 저녁에 연일 성황리에 상영중인 레미제라블, 뮤지컬 영화를 관람했다. 빵을 훔친 범죄로 19년 동안 복역하고 가석박중에 다시 절도 혐의로 자베르 경감의 추적을 받는 장발장의 이야기도 흥미로웠지만 배우들의 목소리와 음향이 훌륭하였다. 프랑스 혁명과 인간에 대한 관심과 애정, 선과 악등 빅토르 위고의 생각이 영화의 전편을 흐르는 영화였지만 법집행자로서 경찰관의 자세를 다시 생각하게 하였다.

법과 질서 정의와 원칙은 소중한 가치이다. 하지만 그보다도 인간의 존엄과 기본적인 생존과 권리는 보장 되어야 하지 않을까?

인간은 누구든지 생각한 것만큼 잔악하지도 그리고 위대한 성자처럼 자비롭지도 안다고 하는데, 인간을 바라보는 존엄과 사랑을 마음에 품고 바라보면 어떨까?

이 추운 겨울 나보다 더 추운 사람을 생각해 보겠다. 이 힘든 겨울 나보다 더 어려한 사람을 생각해 보겠다.

거친 세월에 사계절의 변화가 강물처럼 흐르는 세종의 들녘에서 가득히 퍼져가는 사람의 향내를 맡으며 많은 분들이 안전하고 행복하여 그리하여 따뜻한 겨울을 바라본다.

우주와도 바꿀 수 없는 소중한 생명, 자살은 막아야

연초부터 세종경찰서는 바쁘다. 연일 혹한에 얼어붙은 길을 걷는 것처럼 편치 않다. 총리실을 비롯한 정부부처 1단계 입주가 완료되면서 할 일이 부쩍 많아졌다. 각종 사건 사고를 접할 때마다 고단한 동료들이 고맙다. 추위 속에 부쩍 사고와 스스로 생명을 끊는 분들이 많아 졌다.

살인 등 강력범죄를 예방, 검거하고 국민의 생명을 지켜 드려야 하는 경찰은 죄스러운 마음으로 최대한 조의를 드리고 신속하고 정중하게 처리하고 있다.

2006년 한해 10,653명이던 자살자는 재 작년말 16,000명으로 증가했다. 하루 평균 44명이 자살하고 이는 5년 만에 34%가 증가한 수치다. OECD국가 중 자살률 1위의 기록이며 청소년 자살도 심각하다.

OECD 평균 두 배가 넘고 좀처럼 줄어들지 않는다. 암, 혈관질환, 심장질환과 함께 4대 사망 원인인 자살이 심각하지만 매년 증가하고 있다. 학업 경쟁과 학교 폭력에 노출된 청소년, 생활 능력을 상실한 가장, 가난과 외로움에 지친 노인 등 자살증가는 사회 공동의 책임이 아닐까?

최근 모 유명인 자살이 언론에 연일 보도되었다.

연예인 등 유명인이 자살하면 소위 베르테르 효과 등으로 한 두 달 동안 평균 606명 가량이 뒤따라 목숨을 끊는다는 충격적 연구 결과가 있다. 일부 유명인들의 자살이 우리 사회에 미치는 파장이 크다는 것을 단적으로 보여준다. 호기심과 자극적인 유명인 자살보도가 모방 자살을 불러온다는 경고도 있다.

자살 과정을 경쟁적으로 보도하고, 일부 당연시하는 행태도 문제다. 특히 일부 토크 프로그램에서는 인기 연예인들이 "나도 자살을 생각하거나 시도한 적이 있다"는 식의 여과 없는 발

언은 위험할 수 있다. 정부와 시민단체 등 대대적 생명존중 캠페인도 필요하다는 생각이다

자살을 방조하거나 부추기는 사회적 분위기를 바로 잡는 것이 중요하다. 죽음에 무조건 관대한 사회적 정서는 없었는가? 세계보건기구(WHO) 자료에 의하면 자살자는 가족과 친지 등 주변 5~10명에게 심리적 황폐감을 주며 이들은 일반인보다 자살 가능성을 4배나 높인다고 한다. 자살은 가까운 사람들에게 심대한 정신적 피해를 주는 범죄이다. 자살은 어떠한 경우에도 미화될 수 없다. 그리고 치료해야 하는 질병이기도 하다.

2011년 3월 자살 예방 및 생명 존중 법률이 제정 되었다. 각 지자체마다 자살예방선터를 만들고 나름대로 노력하는 것으로 알고 있다. 하지만 자살 위험군의 국민들이 368만 명에 이른다고 한다. 이중 6%정도만이 우울증등 정신병적 치료를 받은 경험이 있다고 한다. 자살은 심각한 질병일수 있고 혹은 전염병일 수도 있는데 안이 했던 것은 아닌가?

우울증은 자살 원인의 80%라고 할 정도로 심각한 질병이면서도 방치되고 있다고 한다. 우울할 때 환자는 무겁고 처진 느낌, 절망감, 슬픈 기분, 비관, 자기비하, 무력감, 고립무원감, 의욕감퇴, 흥미와 재미의 상실, 죄책감 등을 가지며 조용하고 행동이 감소되어 있다.

불면, 두통, 식욕상실, 체중감소, 성욕감퇴, 무력상태 등 신체

증상이 동반된다. 주변에 이러한 증상은 적극 알리고 가족이나 동료들은 관심을 보이고 치료를 받도록 해야 한다.

최근 부산에서는 자살시도자 가족들에 대한 심리적 부검 등을 제안한 바 있다. 서울 노원구는 적극적인 자발 예방 시책으로 연 평균 60여명의 자살자 감소 성과가 있는 것으로 알려졌다. 전체 노원구민 61만 명 중 자살 위험군으로 6만 명을 고위험군으로 분류하여 우울증 테스트와 치료를 병행 하였다고 한다. "자살 시도자 유가족, 독거 어르신. 실업자등 자살 위험군 구민들에게 우울증 테스트와 학교와 연계하여 고 위험군 학생들은 자치단체의 생명지킴이와 연계 하는 방법으로 자살 예방을 했다"고 한다. 시행결과 전국적으로 자살률이 증가하는 가운데 노원구는 2년 전보다 60여명 줄어드는 성과가 있었다고 한다.

사회적 약자와 소외계층에 대한 경찰활동이 다양하게 펼쳐지고 있다. 독거어르신, 결손 아이들, 부적응하는 다문화가정, 생활고에 내몰린 궁핍한 가정 등 경찰이 필요한 곳이 많다. 누구나 잘사는 복지국가 대한민국은 이제 평균 368만 명에 이른다는 자살 고 위험 군에 있는 사람들에 대한 적극적인 관심이 필요하다. 아파하고 힘들어 하는 사람들에 대한 지자체와 시민단체, 경찰의 적극적인 보살핌이 필요하다.

자살자의 남겨진 가족들에 대한 따뜻한 치유와 배려가 필요

하지 않을까? 국민의 생명을 지켜드려야 하는 경찰은 자살 사건을 접할 때마다 죄스러운 마음이다. 자살은 개인의 문제이기보다 질병이며 동시에 죄악시해야 하는 범죄행위라는 사회적 공감대를 만들었으면 좋겠다.

생명은 그 어떤 가치보다 소중하다는 생명존중, 인간존엄이 가득한 사회, 더불어 사는 소외된 분들에게 따뜻한 배려와 관심이 가득한 사회가 사회자본이 성숙된 사회라는 생각이다.

누구나 맞이하는 노년의 안전과 행복을 위해

새해 벽두부터 추위가 매섭다. 홀로 차가운 방바닥에 누워 돌아가신 며칠 만에 발견된 어르신의 변사 신고, 한기에 홀로 생활 하시는 어르신들이 걱정이다.

고령사회가 진행되면서 어르신의 안전과 복지가 절실하다. 충남경찰청은 지난해 적극적인 어르신 돌보미와 범죄예방, 섬김을 실천하여 노인의 날 대통령 기관표창을 받았고 새해에도 사회적 약자이신 어르신 안전 활동에 더욱 힘쓸 것이다.

세종지역에도 17,000여 어르신 중에 홀로 사시는 어르신도 4천여 가구에 이른다.

관내 400여 곳 경로당에 가면 70세 어르신은 가장 연소자이시고 80대 이상인 어르신들이 대부분으로 사고와 질병만 없으면 100세 장수 하신다고 한다. 국민 100세 시대, 더이상 어르신 복지를 가족에게만 맡길 수 없기에 정부와 지자체, 사회단체가 함께 해야 할 과제가 아닐까?

새 정부에서는 기초 연금도입, 의료비증액, 노인일자리 창출, 독거노인 장기요양보험 제공등 다양한 어르신 복지정책을 적극 추진한다고 한다.

엇그제, 어르신 아동 안전지킴이 분들과 오찬 간담회를 하며 애로사항을 듣고 새해에도 적극 도와주기를 당부 드렸다. 세종지역에는 금년 20명의 어르신 아동 지킴이를 모집하는 데 지원율이 저조 하다고 한다. 주 5일, 매일 두 시간씩 학교 주변을 순찰하고 학생을 선도하는 보람있는 일인데 아직 잘 모르시는 어르신들의 참여를 기다린다.

"엔딩노트" 라는 후회 없는 인생 마무리에 관한 이야기가 있다.

40년 샐러리맨으로 살던 은퇴한 주인공이 6개월 시한부 암 진단을 받고 써 나간 일기형식의 글이다. 인간이면 누구나 맞이하는 은퇴와 노년과 죽음을 어떻게 준비해야 하는 문제를 잔잔히 제시하고 있다. 노년과 죽음은 누구에게나 닥칠 운명이지만 애써 외면하였던 것은 아닌지?

엔딩 노트는 노년의 키워드로 건강과 경제적 자립, 현역같은 전문성, 재미, 인맥(친구)을 강조하고 있다.

시경에는 인생의 오복으로 건강과 장수, 경제력, 평안, 고종명이라 한다. 공통적으로 노년의 준비를 위해 돈과 건강, 네트워크(친구)를 만들어야 할 것 같다. 후회없는 인생 마무리는 건강하고 품위있는 경제력과 함께 할 수 있는 친구, 그리고 사는 재미를 갖는 것을 공통적으로 제시하고 있다.

그것이 외로움을 이기고 인간의 존엄을 유지하며 생을 마무리하는 키 워드가 아닐까?

살아간다는 것은 외로움을 견디는 일이라는 데, 많은 준비를 통해서 죽을 때까지 외롭지 않았으면 좋겠다.

연말에 경찰 경우 선배님들을 초청해서 오찬 간담회와 기업체 시찰 등 전, 현직의 유대와 친목을 다지는 행사를 가졌다. 주위의 관심과 배려, 존중받고 있다는 생각, 곁에 누군가 같이 있다는 안정감, 그러한 마음의 풍족함이 노년을 인전히고 행복하게 하는 것이 아닐까?

어르신의 안전과 안심, 복지를 위한 충남경찰의 노력은 계속될 것이다.

매운바람이 문창호에 휘몰아치는 차가운 방 바닥에서 어느 독거 어르신의 며칠 지난 쓸쓸한 죽음을 보면서 세종경찰이 해야 할 일이 많다는 생각이다.

가정 폭력은
가정의 문제가 아닌 사회적 범죄다.

연초부터 바쁘다. 세종특별자치시에 정부부처가 입주한 이후 신경 쓸 일이 많아졌다.

겨울방학이 한창이라 아파트 단지내 놀이터에서 아이들의 웃음소리가 정겹다. 주말 내내 포근하여 미호천변 눈썰매장에 부모와 함께하는 아이들이 행복해 보인다.

청소년센터에서 영어를 잘하는 경찰서 의경이 소외된 아이들에게 영어를 가르치는 영어캠프를 한다. 정부청사내 어린이집에 가서 교통사고 예방교육도 하고, 아이들이 있는 곳에는 어디든지 경찰관들이 적극적으로 움직이고 있다.

행복한 도심 풍경 한편에는 밤, 낮으로 가정폭력 112신고가 많은 편이다. 사소한 것은 현지 계도하기도 하지만 심한경우는 피해자를 분리하기도 하고, 집에서 나오도록 하여 단기 보호시설에 위탁하기도 하고 형사 입건도 한다. 남편에게 폭행당했다는 신고가 대부분이지만 아이가 맞거나 형제, 부모간의 폭력 사건도 접하게 된다.

가정폭력은 부부간, 부모 자녀 간, 형제간에 발생하는 구타나 언어적, 심리적 학대, 성적폭력 등 가정내의 전반적인 폭행, 유기, 학대, 감금, 협박, 모욕행위라 할 수 있다.

이중 남편이 아내에 대한 가정폭력이 가장 심각하다.

그동안 가정폭력에는 가정내 부부간의 사적인 문제로 부부싸움으로 보거나 "부부싸움은 칼로 물 베기", 마누라와 북어는 두들겨야 한다." "자식을 귀하여 여기면 매로 다스려야 한다." "맞을 짓을 하니까 맞지"라는 말로 심각하게 생각 하지 않는 주위의 시선도 있었다.

폭력을 휘두르는 아버지가 너무 싫었는데, 어느 순간 내가 똑같이 행동을 하는 것을 보고 기겁했다는 아이들의 이야기처럼 폭력은 무서운 마약과 같아서 어느 순간 나도 모르게 내재화된다. 습관처럼 체득하여 가정폭력이 학교폭력으로 사회 폭력까지 이어진다.

통계에 의하면 2011년 우리나라의 10만 명당 폭력건수는 609건으로 미국의 252건 일본의 50건보다 만연해 있다. 폭력에 의한 사회 비용은 7조 7천억 원에 이르고 폭력이 원인이 된 살인 사건도 41%에 이른다는 데 이제 사회적 해악을 심각하게 고민

해야 할 때다.

가정폭력은 가족해체로 이어지고 신체적 정신적으로 사람을 황폐하게 만든다.

그리고 폭력 만연사회로 가게 할 수 있다. 가정폭력을 방치하는 것은 계속되는 정신적, 육체적 고통을 받을 뿐만 아니라 아이들에게 심각한 문제를 야기하는 사회적 범죄다.

대부분 탈선 아이들에는 폭력적인 부 또는 모가 있다. 피는 못 속인다는 말처럼 아버지가 폭력적이면 대부분 자신도 모르게 성인이 되어 자녀나 배우자에게 폭력적이 된다는 통계가 있다.

한 달간 전국 여성의 전화에 신고되는 가정에서 폭행당하는 신고건수가 한 달 평균 7,200건에 이른다고 한다. 한 달 평균 10여명은 가정폭력으로 살해되는 것으로 알려 졌다.

부부의 가정폭력 경험이 50.8%에 이른다는 여성의 전화 설문통계는 가정폭력이 더 이상 가정내 부부간의 문제가 아니라는 심각성을 알 수 있다.

작년 5월 가정폭력 방지와 피해자 보호에 관한 법률이 개정되어 경찰의 적극적인 개입과 현장출입, 조사권을 보장하였다. 경찰청에서도 위급상황에 긴급 출입할 수 있도록 지침을 강화해 시행중이다. 경찰이 발 빠르게 적극적으로 대처하는 것은 바람직하다. 하지만 전국적으로 피해여성 장기 보호시설 4개, 단기 62개의 보호시설은 부족하다. 보호시설이 없는 지자체에는 경찰이 매 맞는 여성에 대한 분리와 보호에 애로를 겪는다.

미국은 가정폭력의 적극적인 제지와 경찰관의 판단에 따른 폭넓은 현장체포권한도 주어져 있는데, 우리나라는 강제로 피해가정의 출입과정에서 현관문 손괴나 과도하게 경찰권을 행사하였다고 항의하여 사후에 경찰관이 피해를 받지 않을까 주춤거리게 한다.

가정에서 폭행당하는 아내의 문제는 더 이상 혼자만의 문제가 아니다. 심각한 사회적 범죄다. 주위에서 이웃집의 가정 내 폭력을 보면 적극적으로 신고하는 것이 건강한 사회의 출발점이다.

정부가 가정폭력과 가정파괴범을 4대악으로 규정하고 근절에 적극적으로 대처하기로 한것은 바람직하다.

매 맞는 여성들도 안전을 위해 일단 피하고 여성 긴급전화 1366으로 전화하고, 112에도 신고하고 피해사실을 알리고 증거자료를 확보하여 상담과 법적 대응을 통해 더 이상의 범죄를 막아야 한다. 아이들 때문에 살아야지, 체념과 포기, 반복되는 폭행에 참으면 참을수록 가정폭력은 점점 더해져 끔찍하고 비극적인 사고로 이어질 수 있다.

행복한 사회를 위한 첫 걸음. 바로 행복한 가정에서 시작된다. 가정은 사랑을 만들고, 가족 구성원이 역경을 이길 수 있는 희망을 만들고, 의지할 수 있는 울타리를 만드는 행복한 삶의 출발점이다. 가정이 건강해야 사회가 건강하고 나라가 건강할 것이다.

고독사(孤獨死)
이제는 남의 일이 아니다.

한 겨울 바람이 차갑다. 몰아치는 바람에 나뭇가지가 심하게 흔들린다. 새벽하늘은 차가운 유리처럼 구름 한 점 없이 맑다. 새벽 전화기에서 관내 어느 집에서 화재가 발생, 집 3채가 전소 되었다는 소식, 현장에 나가 보니 새벽부터 고단했을 소방관, 경찰관들의 머리위로 혹한의 추위에도 김이 모락모락 피어오른다.

화재 등 각종 사건, 사고 없는 휴일을 기원하며, 또 아침을 맞는다.

움추러 드는 날씨 탓에 거리는 한산하다.

이런 날은 홀로 사시는 어르신들이 춥지 않을까 걱정된다.

며칠 전 전의면 마을 경로당에서 오십여 어르신들과 떡국을 같이하며 즐거웠다.

홀로 사시던 할머니 한분이 돌아가신지 일주일여 만에 발견되었다는 소식도 들었다.

도시 뿐 만 아니라 농촌에도 지켜보는 이 없이 쓸쓸이 돌아가시는 사건을 많이 보게 된다.

흔히 "고독사"는 혼자 죽음을 맞이하고 일정한 시간이 지난 뒤에야 발견되는 "고독한 죽음"이라 한다. 살아서도 외로웠는데 죽어서도 외로움을 떠나보내지 못한 고독한 죽음, 인간은 누구나 존엄하게 생을 마감할 수 있어야 한다. 사랑하는 사람들의 애도 속에서 존엄과 예우를 받으며 이 세상을 떠날 수 있어야 한다.

성현들은 사람이 가장 기원하는 오복(五福)중에 으뜸을 장수와 고종명(考終命)이라 하여 편안하고 존엄하게 죽는 것을 복 받은 사람이라 하였다.

고령화가 가속되고 다양한 연령층의 1인가구와 독거노인이 증가하면서 고독사 문제는 이제 남의 일이 아니다.

세종지역에는 만 칠천여 어르신 중에 독거어르신이 사천여가구에 이른다.

마을회관이나 경로당, 이장단을 중심으로 촘촘하게 마을 공동체가 형성 되어 있지만 아직도 독거 어르신들의 안전에는 허점이 많다.

통계청에 따르면 "고독사 위험군"이 될 수 있는 1인가구는 414만 가구, 젊은 층의 1인 가구도 증가하지만 고령층의 1인가구가 더 많다.

특히 65세 이상 독거노인은 119만명, 노인 빈곤층이 전체의 45%로 감안 할 때 50만 명 정도 독거 어르신은 "고독사 위험군"으로 관심이 필요하다.

또한, 사회적 관계 단절로 생활 능력이 떨어진 "위기가구"는 9만 5천명으로 추산되고 있지만, 구체적인 통계도 없는 실정이다.

충남경찰에서는 다양한 노인 안전확인 서비스를 실시하고 있다. 소외된 독거 어르신을 보살피는 맞춤형 순찰뿐만 아니라, 정기적인 범죄와 교통사고 예방교육, 치매노인 안전을 위한 위치 추적 GPS 장착과 경찰서와 노인회의 안전확인 MOU 체결 등, 앞으로도 치매, 독거 어르신에 대한 보살핌은 계속될 것이다. 이러한 노력으로 작년 대한 노인회로부터 대통령 기관 표창을 받았다.

호주의 경우 독거노인을 돕는 "독거노인 입양"이라는 제도를 운영한다.

프랑스의 경우는 지자체마다 노인클럽을 활성화 시키고 있다.

고독사가 심각한 사회문제가 되고 있는 일본은 독거노인의 가스 사용 여부를 자녀나 친인척 등의 휴대전화나 이메일로 알려주는 서비스를 통해 가스 사용량이 줄어들면 위험을 감지하는 제도를 운영 하고 있다.

이렇듯 복지국가에서는 독거노인들의 외로운 죽음을 방지하기 위해 국가적 차원의 시책을 강구 하고 있다.

이젠 우리나라도 적극적인 관심이 필요하다.

사랑하는 사람들이 지켜보는 가운데 평안히 눈 감는 것, 하지만 마지막 세상과 이별하는 순간에 아무도 곁에 없다는 사실과 오랫동안 방치 될 것이라는 두려움은 더욱 슬프게 할 것이다.

홀로 고독하게 죽어 가면서 얼마나 비참하고 허무하고 서글플까?

사람은 출생에서 죽음까지 존엄할 권리가 있다. 그것은 하늘이 부여한 인권이다. 하지만 소외계층으로 갈수록 부의 양극화뿐만 아니라 사회적 네트워이 약해지는 인맥의 양극화 현상이 우리사회도 심각하게 진행되고 있다.

옆집 사람이 소리치며 쓰러져도 문 열고 비명을 지르지 않는 한 알 수 없는 이웃과의 단절, 그리고 무엇보다 사람들과의 단절, 군중속에 있지만 너나없이 타인인 우리 성숙한 한국의 따뜻함을 보여주어야 우리사회의 안타까운 현실이 해소될 것이다. 이젠 소외된 이웃에게 좀 더 관심이 필요하지 않을까?

신뢰와 원칙, 법과 질서, 배려와 존중, 봉사와 참여 등 사람의 향기가 물씬나는 사회적 자본이 성숙한 사회는 선진 복지국가, 대한민국의 지향점이 아닐까?

평창 스페셜 올림픽, 한국의 따뜻함을 보여주어야

편안한 주말에 가족과 함께 "7번방의 선물"이라는 영화를 보았다. 연일 만원이라며 대박 조짐의 따뜻한 영화다. 한국영화가 나날이 감동적이고 훌륭해졌다. 완득이, 늑대소년, 타워, 도가니, 부러진 화살, 등등 따뜻하며 한편 질문을 주는 주제를 다루면서도 대박이었다.

이 영화도 오래전 잔잔한 감동을 주었던 아 엠 샘(I am Sam) 이라는 지적 장애인이 딸을 찾는 영화처럼 상영내내 감동이었다.

가슴 찡 하기도 하고, 경찰에 대한 부정적인 묘사는 불만이지만 재소자들에 대한 생각, 장애인에 대한 생각등 영화 내내 눈을 뗄 수 없었다. 우리 사회가 많이 성숙하고 따뜻해졌다. 영화한편을 보면서도 눈물 흘리는 관객이 많은 사회, 감성이 흐르는 사회 아닌가.

엊그제 평창 스페셜 올림픽 성화 봉송식이 서울에서 있었다. 전 세계에서 참가한 경찰관들이 성화를 봉송하며 장애인들과 동참하는 훈훈한 모습을 보았다.

'지적장애인들의 축제' 2013평창동계스페셜올림이 1월 29일 개회식을 시작으로 2월 5일 폐회식까지 8일 동안 강원도 평창과 강릉 일대에서 개최된다. 전 세계 111개국에서 1만 1,000여 명(대표단 3,190명, 선수가족 1,020명, 미디어 1,000명, VIP1,000명, 운영인력 4,868명)이 참가한다.

스페셜올림픽은 지적장애인들이 스포츠를 통해 신체 능력을 향상하고 사회적응 능력과 생산적 사회구성원이 되게 해 주는 '지적장애인들의 축제'다. 지적 장애인들은 사회참여가 어렵다. 스포츠 활동은 사회 구성원으로의 통로이자 선수와 가족의 자부심이다.

존 F. 케네디 미국 전 대통령의 동생인 케네디 슈라이버 여사가 1963년 지적발달 장애인 일일캠프를 개최하며 제1회 대회가 1968년 미국 시카고에서 열렸다.

올림픽과 마찬가지로 4년마다 동, 하계로 구분돼 열리며 참가선수단의 규모도 일반 동계올림픽대회와 비슷한 수준이다. IOC 공인 국제 스포츠 대회로서 하계대회 13회, 동계대회 9회가 개최됐다.

이번 대회가 어느 때 보다도 안전하고 풍성하게 개최되고 전국민의 관심과 세계인의 주목을 받았으면 좋겠다. 그래서 지적 장애인들에 대한 생각을 한 번 더 하는 계기가 되었으면 좋겠다. 선진 복지국가 대한민국은 장애인에 대한 배려가 달라지고 있다.

누구나 장애인이 될 수 있고 누구나 장애의 아픔을 가질 수 있기에 이에 대한 관심과 따뜻한 눈길이 필요하다. 오래전에 상영되었던 말아톤, 오아시스라는 영화도 반향을 일으켰지만 장애인을 생각하게 하는 좋은 영화와 문학작품이 앞으로도 사람들의 마음을 울렸으면 좋겠다.

충남경찰은 전국에서 최초로 노인 장애인 전담 조직을 만들어 적극적인 치안시책을 펴고 있다. 세종경찰에서도 장애인 7개 단체와 MOU를 체결하고 정례적인 모임을 갖는다. 장애인들이 일하는 사업체를 방문하여 상담하기도 하고 장애인들이 만든 물품을 팔아주는 바자회도 하고 작은 관심들이 주변의 배려를 높이고 있다.

도로의 장애인 시설, 건물의 장애인을 위한 편의 시설, 장애인 전용 구역 설정, 시각 장애인 전용 음향 신호기 등 장애인들은 소수라고 해서, 이용하는 사람이 별로 없고 예산 낭비라는 시각으로 접근해서는 곤란하다.

최소한의 장애인을 위한 시설과 배려는 선진 한국을 평가하는 잣대이다. 불편한 사람, 도움이 필요한 사람을 배려하고 존중하는 사회가 사회자본이 성숙한 사회다.

그것은 자랑스러운 대한민국 국민 모두의 자랑이다.

평창 스페셜 올림픽이 전 세계인의 감동속에 성공적으로 마치기를 기원한다.

미국에서 연일 발생하는 총기 참사, 안전이라는 가치를 다시 생각 한다.

2월의 첫날이다. 2월을 뜻하는 February는 정화, 깨끗함을 뜻하는 라틴어 Februare에서 기원한다. 마음을 정화시키고 다가오는 봄을 새롭게 맞이하자는 의미다. 2월은 새롭게 정화하고 시작하는 계절, 매서웠던 한파가 물러가고 새봄이 시작되려 한다. 새봄의 기운이 세종의 들판에 가득하여 새순 돋고 어서 꽃피기를 기원한다.

세종경찰은 연일 설 명절 전 특별방범활동에 전념하고 있다. 복지시설 위문이나 소외계층에 대한 지원활동도 하고 농수산물 직거래 장터, 재래시장 주정차 허용, 주변 교통관리, 재래시장 상인회와 간담회 등 늘 상 업무지만 시민들의 행복한 일상을 염원한다.

그래서 어느 때보다도 평온하고 행복한 설 명절이 될 것이다.

하지만 평온한 분위기의 뒤편에는 항상 위험과 범죄가 꿈틀대고 있다.

엊그제 이웃한 지역에서 엽총 오발사고, 지난 1월에는 사냥 중이던 남편의 오발사고로 부인이 숨지는 사고도 있었다. 작년 2월에는 서산에서 엽총난사사건으로 1명이 사망하고 2명이 중상을 입었다. 국내 엽총소지수는 37,654정, 공기총 12만정을 포함하여 20만정의 총기가 소지허가를 받은 일반인이 갖고 있다. 최근 3년간 총기 밀매로 국내에 들여오다 적발건수가 1,117건에 이르고 적발되지 않은 불법 총기건수도 상당할 것으로 추정된다.

미국은 유난히 총에 관대하다. 총기 소지가 헌법으로 보장된 유일한 나라다. 인명을 살상할 수 있는 소지허가 된 총기가 2억 5천만 정에 이른다. 불법총기류에 대한 통계는 없을 정도로 총은 널려 있다.

얼마전 코네티컷주 초등학교에서 총기 난사로 27명이 사망했고 나이어린 초등학생 18명이 희생되었다. 몇년 전 버지니아공대 총기난사, 극장 총기난사 등 최근 들어 하루가 멀다 하고 총기 살인 등 사건사고가 증가하고 있다. 길을 걸으면서도 학교에 가면서도 수업중에, 공부 하면서도, 영화를 보거나 쇼핑을 하거나 지하철을 타거나 어느 장소, 어느 때이든지 삶의 현장에 총기 난사의 위험이 도사리고 있다.

미 정부에서도 총기 규제 법안 검토 등 여론이 일고 있지만 전국 총기협회 등 총기소지를 자유롭게 하려는 협회 차원의 로비도 치열하다.

미국 최대 총기소지 단체는 미국총기협회(NRA)다. 1871년 창립된 총기 소유자들의 이익과 권리를 대변하는 이익단체로 변질했다. 현재는 회원이 430만 명으로 미국 최대 로비단체다. 매년 2억 달러 규모의 자금으로 치열한 로비와 정치세력화 하여 연방의원의 당락을 좌우한다.

총기협회에서는 어릴 때부터 총기와 친해지도록 어린이 마케팅으로 매년 229억 원을 어린이 사격프로그램에 후원한다. 청소년 캠프에 소총을 경품으로 제공하고 폭력게임도 후원하고 소총구입할인권도 제공한다.

미국의 총기 소지는 역사 · 문화적으로 매우 뿌리가 깊다. 청교도들이 1620년 메이플라워호를 타고 이주 순간부터 총기는 미국인들 삶의 일부였다. 원주민인 인디언을 몰아내고 새로운 땅을 개척하고 맹수들로부터 자신과 가족의 생명을 보호하려고 총을 필요로 하였다.

영국으로부터 무장독립투쟁과 금광을 캐러 가던 서부개척시대에도 총은 필요했다. 연일 계속된 총기난사 사건으로 미국 안에서도 총기 소지를 강력하게 규제해야 한다는 목소리가 커지고 있다. 이런 여론으로 오바마 대통령이 고강도 총기규제 방안을 추진 중이다. 미국총기협회도 즉각 반격에 나섰다. 오바마 대통령을 '엘리트 위선주의자' 라며 대통령의 자녀는 경호원이 보호하므로 일반 학생들에게도 학교 경호원을 두어야 한다고 주장한다.

그러려면 천문학적인 예산이 들겠지만, 총을 든 경비원들 사이에서 교육이 제대로 될까? 총기 소지는 개인의 자유인가, 공공의 안전이 우선인가? 자유를 최상의 가치로 하던 미국인이 이를 주시하고 있다. 그리고 세계가 지켜보는 이 싸움은 현재 진행중이다.

범 지구적인 총기 사고에서 우리나라는 안전한가?

매년 폭력범죄건수가 인구 10만 명당 미국의 2배, 일본의 12배에 이르는 통계를 볼 때 국내에 자유롭게 총기 소유를 보장했다면 어떠할까? 최근 묻지마 범죄 등 강력 범죄증가 추세에 비추어 치안환경은 매우 불안했을 것이다.

일부 엽총 등 오발사고나 강력범죄에 밀매된 총기가 등장하기도 하지만 국내 치안은 어느 나라보다도 안전 하다. 필리핀, 아프칸 등 치안이 불안한 나라일수록 각종 총기가 많다.

무장 경비원이 지키는 식당과 마켓을 출입하며 과연 안전하다는 생각을 할까? 총소리가 들리는 도심과 관광지에 사람들이 가려 할까? 문득 길을 걷다가, 쇼핑을 하다가, 자녀에 학교를 가서 총으로 피살 될 지도 모른다는 불안감이 있다면 그것은 얼마나 불행한 일일까? 개인의 무한한 자유보다는 공공의 안전과 행복이 더욱 소중하지 않을까?

전국 경찰은 오늘도 증가하는 국민의 안전 욕구와 다양한 병리현상에 적극적으로 대처하고 있다. 복지는 못 사느냐, 잘사느냐의 문제지만 안전은 죽느냐 사느냐의 문제라는 생각이다.

치안이 안정된 세상에서 가장 안전한 나라, 대한민국의 브랜드는 오늘도 헌신적으로 삶의 현장을 지키는 경찰관들의 노고라며 칭찬해 준다면 고래라도 춤을 추지 않을까?

정월 대보름,
한해의 근심, 액운 털어 버리길

보름달이 밝다. 한 겨울 맑은 달은 눈이 부시다.

달빛이 희면 비가 많고, 붉으면 가뭄이 있단다. 진하면 풍년이 들고, 달빛이 흐리면 흉년이 든다고도 한다. 달빛이 밤새도록 산과 들, 도심을 적셔주는 정월 대보름 명절이다.

어제 세종지역에서 정월 대보름맞이 대축제가 있었다. 시민 등 천 여명이 쥐불놀이, 줄다리기, 윷놀이, 오곡밥 먹기 등 한해의 근심을 털어내는 흥겨운 잔치였다. 경찰관들과 의경대원들도 참가하여 시민, 어르신, 아이들과 어울어지는 한마당 잔치를 함께 했다. 물론 경비, 교통관리, 범죄예방활동도 같이 했지만 경찰관들도 공정한 게임에 순수하게 참가 하였는데 줄다리기 우승으로 LCD 텔레비전을 상품으로 받고 자전거 등 푸짐한 경품도 받았다. 대원들이 즐거워하는 모습에서 한해의 밝은 그림이 그려진다.

정월대보름은 가장 많은 세시풍속이 전하는 명절로 설, 추석, 단오와 함께 4대 명절이라고도 한다. 대보름은 연중 가장 먼저 만월이 되는 날로서 상원(上元)이라는 세시풍속이 전한다. 정월은 한 해를 처음 시작하는 달로서 그 해를 설계하고, 일년의 운세를 점 쳐보는 달이다. '정월은 천지인(天地人) 삼자가 합일하고 사람을 받들어 일을 이루며, 하늘의 뜻에 따라 화합하는 날' 이라고 한다. 정월 대보름에는 달집태우기, 복조리 걸어두기, 달맞이, 횃불싸움, 쥐불놀이 등 다양한 놀이로 풍년 농사를 기원하고 한해의 액운을 떨쳐 버린다. 정월 대보름 날 아침에 집집마다 들려오는 "와사삭 소리"일년 열 두 달 무사태평하고 부스럼, 뾰루지가 안 나게 하고, 한해 큰 복 축원을 하며 부럼을 깨는 소리가 들려야 한다.

견과류를 먹으면 몸에 좋은 불포화 지방산을 보충하고 비타민 E를 섭취하여 피부를 튼튼히 한단다. 오곡밥에 감, 밤 말린 것을 넣거나 팥 외에 돈부콩이나 늙은 호박고지를 같이 먹어 보는 것도 좋을 것이다. 이른 아침부터 집에서는 오곡밥과 아홉 가지 나물 준비로 분주하다.

어제 조치원 시장에 가서 오곡밥 재료를 사보는 재미에 즐거웠다. 그냥 사람 사는 소리 들으며 억척같이 활기 넘치는 시장 사람들을 보는 것이 즐거움 아닌가?

작은 것에 재미를 느끼고 사람들과 만나고 같이 즐기는 것 그것이 행복한 삶 아닌가?

열일곱 번째 광역자치단체로 출발한 세종시는 어느 지역보다 행사가 많다. 지역과 사회단체의 크고 작은 모임도 많다. 그래서 사람들은 늘 즐거워하고 전통시장과 식당, 상가도 북적거리는 것 같다.

엊그제 44년 전통의 부강신협의 일 년 정기총회에는 5,500여 조합원 중에서 오백여명이 모여서 한해를 결산하고 친목을 다지는 행사가 있었다.

설탕을 나누어 주는 것이 신협의 전통이라는데, 경품을 받으려고 주민 수십 명이 줄을 서서 기다리는 모습도 볼거리였다. 대부분 고령이시지만 삶의 주름이 이마에 가득한데 추운 날씨에도 기다리는 즐거움을 아시는 분들과 만나 시간을 같이 보내고 손을 잡아드리고 인사를 하는 것도 경찰관으로서 보람인 것 같다.

크고 작은 지역행사에는 가급적 참석한다. 시골 졸업식이나 경로잔치나 시장행사에 가서 인사드리고 범죄예방 홍보도 한다. 기관장으로 격이 떨어진다거나 바쁜 일정에 이리저리 시간을 내는 일이 쉽지는 않지만, 직접 찾아가고 방문하면 부담스러워 하는 곳은 아직 없는 것 같다.

시골전통이 흐르는 전형적인 농촌과 정부청사입주와 함께 도시의 활력이 같이 하는 세종시, 정월 대보름 행사장인 쥐불놀이에 손자 손녀들과 같이 나오신 어느 어르신의 환한 웃음이 시골 마을 잔치 풍경이다. 전통과 옛 스러움에 기쁨을 느끼시는 노인 분들과 새로 이주해 오는 청사주변 도시 젊은이들과 화합하고 어우러지는 것도 점점 필요하다.

그래서 경찰도 도, 농 복합 치안 환경에 적응해 가고 있다.

다소 위압적이고 딱딱한 경찰보다는 주민들의 다정한 친구, 같이 어우러지고 재미있어 하는 친구 같은 경찰이 되자고 한다.

안전한 치안은 주민들과 협력해서 함께 만들어 가는 것이라 한다. 시민들을 내 부모, 내 형제처럼 살피고 섬기려는 마음을 동료들의 얼굴에서 볼 수 있다. 웃으면서 먼저 인사하고 친절하고 진지하게 들어주며 신속 엄정하게 일 처리하는 경찰을 시민들은 좋아 한다.

정월 대보름, 액운을 태우고 복을 비는 오늘도 마른 들판을 태우는 쥐불놀이에 화재없고 사고 없는 하루가 되어야 한다.

시심(詩心)으로
시민(市民)의 안전을 살피다

최근 세종시 경찰서 초대 경찰서장으로 부임하고 〈햇살 같은 경찰의 꿈〉이란 시집을 낸 심은석 서장.

경찰과 시인이란 직업이 다소 엇박자처럼 느껴지지만 측은지심으로 세상을 바라보고 민생의 치안을 생각하는 그에게 경찰관과 시인으로서의 삶과 전국적으로 몸살을 앓고 있는 학교폭력 근절에 대한 의견노 들어보았다.

〈김민영기자가 쓴 기사를 인용 하였다.〉

대전에서 한참을 차로 달려 세종시에 들어서자 푸르른 들녘 곳곳에 공사가 한창이었다. 육중한 기계들의 활발한 움직임에서 세종시가 지난 10년간 미온적인 정치행보로 고통이 점철되었으리라 생각했던 것과 달리 새롭게 변모하고자 역동하고 있음을 느꼈다.

현재 세종시의 인구는 약 12만 명. 세종시는 2020년에는 30만 명, 2050년에는 50만 명의 인구정책 계획을 가지고 있다. 올해 말부터는 정부 청사의 일부가 입주할 예정이고, 앞으로 36개 연구기관들도 들어설 계획이다. 최근 대전, 청주, 천안으로 이주한 젊은 층도 다시 세종시로 집중되고 있어서 주민의 16.7% 이상이 고령인구였던 세종시의 미래 청사진은 밝아 보인다.

세종시는 역사적으로 과거 백제 부흥운동이 일어난 군사적 요충지다. 1950년 7월에는 북한군이 부산으로 남하하여 미 스미스 중령 부대가 조치원을 사수하기 위해 개미고개 전투에서 590명이 전원 전사하면서 지켜낸 곳이기도 하다. 그런 세종시에 7월, 경찰서가 출범되었고 심은석 초대 경찰서장이 근무하고 있다. 1988년 경찰대학을 졸업하고 경찰에 입문해서 25년간 수많은 치안 현장에서 다양한 업무를 해왔던 그는 분권과 균형 발전의 상징인 17번째 광역자치단체인 세종시의 치안 책임자로 어깨가 한층 무거워졌다. 심은석 서장은 '시민들에게 봉사하고 섬기기 위해 최선을 다할 것이다' 라며 경찰의 소명을 드러냈다.

경찰이란 본디 1945년 8.15해방을 기점으로 태동된 직업이다. 해방이후 67년간의 대한민국의 역사는 경찰의 역사와 맥을 같이 한다. 특히 민주화라는 수많은 질곡과 아픔의 성장 속에 심은석 경찰서장도 함께 해왔다.

어릴 적부터 수사반장과 〈셜록 홈즈〉와 같은 추리물을 좋아했던 그는 사회 약자를 위해 아픔과 갈등을 치유하고 봉사와 희생을 사명감으로 삼는 경찰관에 매력을 느꼈다. 하지만 1980년대 말 경찰에 입문했던 그는 격렬한 시위 현장에서 화염병과 쇠파이프 사이에서 경찰을 적대시하는 학생들을 대하며 정체성의 혼란을 겪었다. 그때 격렬하게 운동한 학생들이 정치권으로 흡수되기도 했지만 그는 폭력이 민주주의를 쟁취하게 만드는 것은 아니라고 말한다. 언론의 자유와 집회 결사의 자유 등 세계 유례없이 민주주의가 꽃피는 나라가 된 것은 다양한 성장과정과 함께했기 때문이라고.

급변하는 시대의 요구에 발맞춰 폭넓어진 경찰의 치안 활동도 다양화되어왔다. 말도 많고 탈도 많은 민생 치안의 일선에서 24시간 근무해야 하는 열악한 경찰업무 속. 그 속내를 시민들은 얼마나 알고 있으며, 경찰은 시민들의 불안을 얼마나 이해하고 있을까? 복잡다단하고 얽히고설킨 시민과 경찰의 관계가 점차 폭넓어져 오늘날 무한 서비스를 제공해야만 하는 경찰관의 애환은 만만치 않아 보인다. 시민들은 경찰에게 다양한 서비스를 요구하는데 범죄 예방자, 범죄 척결자, 범인을 검거하는 것에만 머무르지 않고 문제 해결사, 위기 관리자, 갈등의 조정자가 되어야 한다.

"개인의 채권채무 문제뿐만 아니라 이웃집과의 층간 소음, 이웃집 강아지에 대한 소음처리 등도 경찰에게 해결 요청을 하고 있죠. 하지만 원하는 대로 문제가 해결되지 않으면 경찰에게 불만을 가집니다. 경찰이 사회적으로 모든 부분에 활동 범위가 확대됐어요. 하지만 경찰의 평가에 대해서 아쉬운 점도 있습니다."

미국 뉴욕의 경우 날마다 터지는 비일비재한 사건 속에 지휘부가 해임되는 경우는 드물다. 하지만 112의 미온적인 사건 수사로 한 생명이 죽음을 맞은 수원사건으로 인해 경찰관 48명이 문책받은 일이 있었다. 그 사건을 두고 심은석 경찰서장은 '경찰이 새벽에 모든 집을 수색하며 찾아내기에는 법적, 제도적 제한이 있지만 시민들은 경찰이 무한한 공권력을 가지고 있다고 생각한다' 며 안타까움을 표현했다. 경찰이 누구보다 시민의 안전과 치안을 위해야 한다고 생각하지만 법적인 공권력이 허락되는 범위라는 한계선을 누가 알랴. 사회질서를 유지하기 위해 경찰관이 필수적으로 치안을 생각해야하지만 치안이란 공기와 같아 눈에 확연히 드러나지도 않는다.

"현재 경찰관 1인당 평균 500명을 지켜야 하는데 세종시를 포함한 연기지역은 경찰 1인당 64명으로 부족합니다. 이 숫자는 선진국에 비해 50%나 낮은 수준입니다. 결과적으로 적은 비용으로 양질의 치안 서비스를 받고 있다고 할 수 있지만, 선진국에 비해 국민의 법질서 준수 의식은 상당히 취약합니다. 선진국의 경우 범법자들 특히 음주 운전자, 불법 시위자들에 대해서는 바로 조치를 취하지만 우리나라의 경우에는 이런 범법에 대해서는 관대하죠. 하지만 상습적으로 불법하는 사람들에게는 과감한 처벌도 필요합니다. 법질서를 따르는 사람보다 단기적으로 이득을 보는 사람들은 처벌을 받아야 하죠. 법이 인간을 이롭게 하도록 하는 것이 전제조건인데 경찰관은 15% 정도만 법집행 부서인 수사부서에서 근무하고 나머지는 시민을 위한 치안 서비스에 주력합니다."

과거에 비해 공권력에 대한 시민들의 신뢰는 낮아졌지만, 하루 24시간을 밤샘 근무해야 하는 경찰에게도 말 못할 애환은 있는 법이다. 새벽 두세 시에도 범죄예방을 하기 위해 밤 근무를 하다보면 업무 강도가 높아지고, 건강도 해치는 경우도 많다. 3년 후면 군자원도 부족해 전의경이 폐지될 실정이다. 그런데 여전히 현장에서 느끼는 치안의 중요성은 나날이 높아지고 있다. 그는 '국방의 개념도 넓은 의미로 국민의 생명과 재산을 보호하는 치안이 중요한데, 전투력을 가진 경찰을 평상시 전의경으로 치안을 보조하다가 전쟁 시 투입하면 좋겠다' 며 안타까움을 나타냈다.

청소년 시기부터 심은석 서장의 가슴을 뛰게 한 게 있었다. 시를 쓰는 일이 그렇다. 토요문학이란 동아리 활동을 통해 그는 습작을 했고 경찰대 문학동아리에서도 시를 썼다. 40대 중반이 되어서는 삶 속에서 인생을 돌아보며 시작(詩作)을 했다. 경찰관으로서 처절한 시위 현장 속에 상대와의 격한 만남 속 모습, 자식들에게 희생하며 다 키워냈지만 비둘기 모이 주는 광장 할멈이 된 모습과, 10년간 주인을 위해 충성한 사냥개가 늙으면 영양탕이 되는 모습, 30일간 살면서 인간에게 헌신하고 생을 마치는 누에의 모습 등 모든 걸 주고 가는 그네들의 삶이 시속에 녹아있다. 특히 〈광장 할멈〉이란 시로 문예마을에서 작가상도 받았다. 특별히 시를 배운 적도 없는 그는 경찰관이란 특수한 직업으로 현장에 점철된 갈등과 인간의 문제들을 시로 승화시켰다. 프랑스 국민들이 어떤 직업을 지녔더라도 마지막은 시인이 되고자 열망하는 것처럼, 그에게 시는 즐거움이요 여유와 삶의 존재이유인 것이다.

그의 시 중 〈어느 경찰관의 고백〉을 보면 심은석 서장이 지향하는 삶을 알 수 있다.

농촌에서 자란 청년들은 농사를 짓는 부모님 밑에서 어렵게

학교를 다닌다. 심은석 서장도 그러했다. 세종시와 인접한 공

공부했다. 그런 가난과 어려움이 오히려 자신을 강하게 만들었고 경찰대학을 들어가서는 더욱 심성이 강인해졌다고 심은석 서장은 말한다.

세종시의 노인 치안문제, 결혼이주여성의 치안문제도 그가 고민하는 문제이다. 다문화가정에 대한 편견과 냉대에 안타까움을 가지는 그는 시로도 표현해놓았다. 특히 전국적으로 십대의 학교폭력 문제에 몸살을 앓고 있는데 심은석 경찰서장은 '청소년들이 미래의 꿈나무이지만 학교폭력의 문제는 사회 구성원의 기본인 가정의 해체에서부터 시작된다'며 특별한 관심을 가졌다.

"산업화 시대에 가족이 해체되면서 모든 정보를 인터넷으로 공유하는 평준화된 시대에 살게 됐습니다. 하지만 청소년들이 가정의 틀이 아닌 영상문화와 인터넷 문화에 길들여지면서 무엇이 옳고 그른 것인지에 대해 감각이 무뎌지고 불법과 폭력에 더 노출되고 있어요. 과거에는 어려운 형편 속에서 오히려 청소년들의 마음이 강했다면 지금은 아이 한두 명 낳아서 귀하게 키우다보니 아이들이 쉽게 마음의 상처를 받고, 왕따나 따돌림을 당할 때 자살하는 경향도 높아졌어요."

그는 특히 일진이나 짱 등 학교폭력을 조장하는 인물들에 대해 '교육당국과 함께 매진하여 해체해 놓았다'며 2012년부터

경찰과 교육당국이 함께 학교폭력 검거에 나서고 있다. 초등학교에서 중학교를 거쳐 고등학교로 연결되는 짱이나 일진들은 뭔가 튀고 싶고 잘나가는 학생이 되고 싶은 충동에 은밀하게 활동하고 있지만, 적극적인 대처하여 이들의 완전히 해체하는 것을 목표로 하고 있었다. 심은석 서장은 실제로 22개의 학교를 직접 방문하여 현장에서 학생들과 간담회도 나누고 런치 피크닉과 사랑의 풋볼게임 등을 통해 학생들과 친숙해져서 학생들의 이야기를 직접 듣고 있었다. 가해 학생들을 위한 선도 프로그램과 학교폭력예방 프로그램도 운영하고 있으며, '사랑의 우편' 도 마련하여 피해 학생들이 언제든지 접수할 때 그들을 고충을 듣고 있었다.

"3일 전에도 피해 학생들을 만나서 가해 학생들을 불구속 입건한 일이 있어요. 이들은 21회 걸쳐서 21명에게 69만 원을 빼앗아왔는데, 중학생들의 경우 연령이 낮지만 간과할 수 없는 중요한 문제입니다. 경찰들이 학생들이 즐거운 학교생활을 할 수 있도록 학교폭력의 근절을 위해 더욱 노력해야겠다고 생각했습니다."

학교폭력에 대응하기 위해 세종 경찰서는 세종 교육청과 MOU도 체결하였다. 뿐만 아니라 효孝운동을 실천해서 어른을 공경하도록 하여 경로당에서 노인들의 말벗이 되고 청소와 봉사를 하도록 실천하고 있다. 심은석 서장은 청소년들에게 문학

강연을 통해 인간의 존엄성에 대해 모든 인격체가 우주와도 바꿀 수 없는 생명체인 것도 알렸다. 그는 기성세대들이 가꾼 터전 위에 차세대들이 미국, 일본, 중국, 동남아시아 등에서 한국문화와 한국인의 우수성을 나타내기를 간절히 바랐다. 그리고 나약한 패배나 자살 문제에 빠지지 말고 무한한 가능성을 믿고 꿈을 펼쳐보라 당부한다. 그가 쓴 시 두편을 소개한다.

달빛, 세상을 비추다

보름달이 환한 밤에
퇴직 열흘 앞둔 동면파출소 김소장은
휘청대던 도시가 달빛에 사그러지는
텅 빈 골목길을 걷고 있다.

어느 집 들창에서 부부의 칼진 목소리가 세상을 깨우고.
어느 주점(酒店)앞에 어린애 널 부러진 옆에는
귀밑이 뽀얀 여자애가 담배물고 서성이고
굉음 내며 내 달리는 오토바이 가득한
 도심은 욕망의 배설구다

깊은 밤에 잠들지 않는 사람
매운 매연에 까만 콧물 흘리는 사람
주정뱅이 욕지기 다 들어주는 사람
길 없는 아이들에게 엄니 같은 사람
메마른 여인네들에게 샘물 같은 사람
지난 삼십 오년간 경찰이 전부였던 그 사람이다.

당신이 달빛 비추는 창가에서 편히 잠들 때
세상이 토해내는 오물을 치우며
남몰래 눈물 흘리는 사람 보았나?
 때로는 달빛처럼 다가와
자신의 눈물은 감추고
 잠 못 드는 사람들의 눈물을 닦아주는 사람을 보았나?
세상이 잠들 때까지 온 밤을 밝히는
따뜻한 달빛 보았나?

햇살 같은 경찰의 꿈

날마다 금강을 건널 때
세종보 첫 마을교(橋) 아취 위에 해가 걸리면
세상의 으뜸, 햇살 같은 경찰의 꿈꾼다.

추위를 녹이는 햇살처럼
고단한 분들의 눈물을 닦아주는
따듯한 경찰이 되게 하소서

혼자서도 강렬한 햇살처럼
거친 산야에 홀로 핀 들꽃 같은
강인한 경찰이 되게 하소서

새벽을 여는 햇살처럼
잠들지 못한 사람에게 포근한 이불 덮어 주는
근면한 경찰이 되게 하소서

온 누리 고운 햇살처럼
국민이 믿고 의지하는
공정한 경찰이 되게 하소서

구름이 가려도 마냥 기다리는 햇살처럼
그늘진 곳에도 참는 마음으로
헌신하는 경찰이 되게 하소서

눈이 부시게 청명한 햇살처럼
황금을 보며 흔들리지 않는
깨끗한 경찰이 되게 하소서

어둠을 걷히는 햇살처럼
죄를 미워하고 불의를 멀리하는
의로운 경찰이 되게 하소서

내 생의 전부인 경찰, 이 십 오 년
내일 다시 햇살 같은 경찰의 꿈으로
여기 세종의 들판에도
새싹 나고 봄꽃 가득하게 하소서

삼일절,
애국 선열들의 절규를 들으며

3월의 첫 날이다. 꽃피고 새순이 돋아나 새봄의 시작이다.

3월은 영어로 March라고 하여 거리를 행진하며 힘차게 앞으로 나아가는 것을 의미한다고 한다. 추운 겨울을 인내한 목련꽃이 망울을 여미며 하얀 꽃을 피워내려 한다. 들판에는 아지랑이가 피어난다. 혹한의 겨울이 봄눈 녹듯 사그러지는 계절의 변화가 신비롭기만 하다.

세종시에서 주최한 삼일절 기념행사에 참석했다.

94년전 애국선열이 일제에 맞서 조국의 독립을 위해 분연히 일어났던 기미독립운동의 날이다.

일제는 강제로 국권을 빼앗은 한일합방 후 민족독립운동을 탄압하기 위하여, 항일독립운동 투사들을 학살·투옥하고, 일체의 결사와 언론활동을 금지하였다. 우민정책과 우리말 없애기로 민족의식을 말살하려 하였다. 울분에 찬 지도자들은 해외로 망명하고, 무력투쟁과 외교활동으로 국권회복을 힘썼다.

대다수 농민들은 소작농 · 화전민으로 전락하였으며, 만주 등지로 유랑하였다. 이 무렵, 제1차 세계대전이 독일의 패전으로 끝나고, 1918년 1월 미국대통령 윌슨은 14개조로 된 전후처리 원칙을 파리 강화회의에 제출하였다.

그 중 '각 민족의 운명은 그 민족 스스로 결정한다' 고 하는, 민족자결(民族自決)의 원칙으로 피압박민족의 자극제가 되었다. 이런 세계사적 흐름 속에서 1919년 1월 21일 고종황제가 갑자기 승하하자 일본인들에 의한 독살설이 유포되어 일제에 대한 증오는 극에 달하였다. 민족 대표 33인이 서울 탑골 공원에서 독립선언서를 낭독, 배포하고 전국 방방곡곡에 평화적인 만세운동이 일어났다. 천안 아우네장터 등 충절의 고장 충청지역에도 독립만세운동이 불길처럼 퍼져 나갔다. 조국의 독립과 평화를 사랑하는 우리민족의 비폭력 저항운동이었다.

1,542회 시위에 연인원 202만 4천명이 참가한 비폭력 평화적인 만세 운동 이었는데 일제는 헌병경찰과 육군등 정규군을 동원하여 총, 칼로 무차별 살육하고, 민가와 교회에 방화를 자행하였다. 비폭력 평화시위에 무고한 민간인 7,509명이 학살되고 15,961명이 부상을 입었으며 46,948명이 투옥되어 옥고를 치루고 고문으로 사망하기도 했으며, 민가 715채와 교회 47

개소가 방화 전소되었다. 제암리에서는 마을 주민들을 교회에 몰아넣고 불 살라 학살한 만행을 저질렀다. 이 기록은 일제의 자료이며, 축소를 가정할 때 알려지지 않은 만행과 사건도 많이 있었을 것이다.

며칠 전 초등학생 설문조사에서 50%의 학생들이 3. 1 만세운동을 잘 모른다는 보도이다. 피맺힌 조상들의 역사를 바로 교육하는 하는 것은 우리 세대의 책무다. 아픈 과거를 용서할 수는 있어도 잊지 않아야 하는 것은 우리의 당연한 도리가 아닌가? 충청의 애국 열사 유관순은 모질고 악랄한 고문에 18세 꽃다운 나이에 순국하면서 유언을 남겼다.

내 손톱이 빠져 나가고
내 귀와 코가 잘리고
내 손과 다리가 부러져도
그 고통은 이길 수 있사오나
나라를 잃어버린 그 고통만은 견딜 수가 없습니다
나라에 바칠 목숨이 오직 하나밖에 없는 것만이
이 소녀의 유일한 슬픔입니다

오늘 풍요롭고 행복하게 살아가는 우리세대가 다시 한 번 되새길 말씀이 아닌가? 한민족의 영광과 대한민국의 발전, 한국인으로서의 자부심과 행복은 그냥 주어지는 것이 아닐 것이다. 오늘을 사는 우리세대의 확고한 국가관과 역사의식이 필요하지 않을까?

삼일운동은 일제의 무단 민족말살정책에 변화를 주었고 중국 5.4운동에 자극을 주었다. 대한 독립 운동의 토양을 마련했고 상해 임시정부 수립의 계기가 되었으며 대한독립의 기폭제가 되었다.

3.1 운동 94주년, 광복 68년, 선열들의 피와 땀과 통한의 역사속에서 대한민국은 세계강국으로 우뚝 솟았다.

하지만 아직도 일본은 진정한 사과와 반성은 커녕, 일제에 끌려가서 고통 받았던 위안부 할머니를 조롱하는 편지를 보냈다는 보도다. 지도층은 과거사 망언을 서슴치 않고 독도를 일본땅이라 우기며 다케시마의 날이라는 행사를 대대적으로 하고 있다. 나찌독일의 잘못에 용서를 구했던 독일과 달리 일본은 식민지 만행과 2차 세계대전의 과오를 진정으로 사과 한적이 없다.

북한 3차 핵실험으로 안보 환경은 혼돈속이다. 한반도 주변 강국은 자국의 이익과 안전에 각축을 벌이며 일본은 핵무장을 추진 할 수 있다는 보도다.

일상의 주민 삶속에 있는 세종경찰은 오늘도 어르신과 지역 주민속에 있다. 어느 100세 어르신의 눈가에는 악랄했던 일제 헌병 경찰의 잔영을 보시지는 않는지, 과거의 아픈 역사를 이겨내면서 경찰은 더욱 분발하고 있다. 관내 마을회관에 안전한 경로당 현판을 게시하고 어르신들을 부모, 형제처럼 보살피겠다는 다짐을 3. 1절에 다시금 해본다. 그리고 아픈 과거를 거울삼아 모든 국민이 행복한 선진 강대국 대한민국을 그려본다. 그 중심에서 경찰은 법질서와 안전, 봉사와 헌신에 더욱 매진할 것이다.

순간의 부주의가 대형 산불, 조심합시다.

3월 초순 어제 주말 날씨가 초여름 날씨였다. 아침 일찍 산에 오르는데 강풍이 몰아치는 것이 산불이 걱정되었다. 예상한 대로 오후부터 하루 동안 전국 21개소에서 큰 산불이 발생했다. 갑자기 오른 기온과 건조한 날씨가 이어진데다가 전국적으로 바람이 강하게 불고, 기온도 크게 올라 대형 산불로 이어졌다고 한다.

세종시에도 정오경 전동면에서 부주의로 대형 산불이 발생하여 9천여평이 소실되고 헬기까지 동원하고 마을주민등 300여명의 진화 인력이 고생하였다. 지난해에 정부청사 뒤편 전월산에서 암자에서 켜놓은 촛불이 옮겨 붙여 산불이 발생하였고 금년에도 화재가 많이 발생했다.

작년 6월 미국 콜로라도주등 10개주에서 연속 산불이 발생하여 한 달 동안 미국 서부가 화염에 휩싸였던 사진을 보았다. 대형 재난 앞에서 속수무책인 인간의 한계를 보았다.

아주 작은 실수가 자신뿐 아니라 지역사회와 온 국민들에게 커다란 아픔을 줄 수 있다.

국토의 70%가 산악인 우리나라는 산림은 소중한 재산이다. 아름다운 금수강산은 산이 있기 때문이다. 등산 인구가 2천만명으로 산을 찾아 건강을 다지고 삶의 활력을 얻으며 산을 좋아하고 삶의 일부인 국민들이 증가 하고 있다. 집근처 몇 발자국만 옮기면 대부분 산림이 우거진 산을 찾을 수 있다는 것은 큰 기쁨이 아닐 수 없다.

그리고 전국 국립공원에는 누구든지 무료로 출입할 수 있다는 것도 한국인의 자부심이다.

올해의 이상고온과 강풍, 무성한 잡목이 가득한 산림은 산불의 위험이 크다고 한다. 이번 주 산림청은 산불 발생 상황이 심상치 않다고 보고 '주의' 상태인 산불경보수준을 '경계' 로 격상하여 예방활동에 총력을 다 한다는 보도다.

매년 봄철 건조기에는 산불 예방을 위하여 지자체나 전 행정력을 동원하여 산불방지를 위해 총력을 기울인다.

지난 10년간 산불 원인은 입산자 실화가 42%, 논, 밭두렁 소각 중 발생이 18%, 담뱃불이 9%, 쓰레기 소각 10%, 성묘객 실화6%로 조사 되어 있다. 모두가 사람의 사소한 부주의가 대형 산불로 연결되고 있다. 산림청의 올해 표어는 '산불 원래는 작은 불씨로부터' 라고 한다. 낙엽과 고목이 쌓인 산림은 작은 불씨에도 대형 산불로 번진다.

대형 산불로 번져 1명이 사망하고 14명이 부상당한 포항 용흥동 산불원인은 12살짜리 아이의 불장난으로 판단하여 수사중에 있다. 포항에서는 산불 진화에 참여하는 사람들의 안전도 크게 위협하였다고 한다. 아직도 진화 중에 있는 전쟁터를 방불케 한다는 울산 울주군 화재로 임야는 물론 수십 채의 민가와 공장이 소실되고 주민 600여명이 피해를 당한 것으로 알려졌다.

산불의 위험으로 주요 산의 입산을 통제 하거나, 국립공원을 막고 등산로를 폐쇄하면 산을 좋아하는 사람들의 불편이 클 것이다. 등산 중에는 절대 취사 · 야영, 모닥불을 피우거나 흡연을 하지 말아야 한다.

산림 내 또는 산림과 근접한 논 · 밭두렁이나 농산 폐기물 소각도 조심해야 한다.

산불은 일단 발생하면 진화가 어렵고 한순간에 귀중한 산림이 소실되며 그 회복에는 40년 내지 100년 동안 오랜 세월과

많은 노력이 필요하다.

산림은 모든 사람들의 소중한 자산이다. 시커멓게 잿더미로 변하여 황량한 산속에서 살아야 한다면 끔찍하지 않은가 ? 아름다운 숲을 걷지 못하고 소중한 산소를 만드는 숲을 보지 못한다면 얼마나 삭막할까?

주말 하루 동안만 전국 21개소에서 동시 다발적으로 대형 산불이 발생했다는 것은 언제나 산불의 재난이 우리 주변에 닥칠 수 있다는 것을 보여 준다. 등산로 입구에 산불 예방 포스터를 게시하고, 산불위험 물질을 점검하고, 많은 인원을 투입해 삼림 순찰을 실시해 산불의 위험성을 같이해야 하지 않을까?

입산자, 삼림소유자, 삼림 안 혹은 주변 농지 작업현장의 작업자, 지역주민, 초 · 중학 아동과 학생을 대상으로 모닥불 관련 규제, 담배꽁초 버리지 않기, 불장난 안하기도 강조 되어야 한다. 역, 지자체 청사, 학교, 등산로 입구 등에 경보용 깃발, 산불 예방 포스터를 게시하고 텔레비전, 라디오, 유선방송, 인터넷 등 홍보매체로 입산자, 지역주민 등의 산불 예방의식을 같이해야 하지 않을까?

지역주민, 삼림소유자 등이 기본 소화 장비를 비치하고 기존의 의용소방대를 중심으로 민간 방화 조직과 연계로 예방활동을 함께 하면 좋을 것이다.

산불현장에는 소방관과 함께 경찰서 112 타격대, 지역경찰,

기동부대도 함께한다. 화재관련 수사도 필요하지만 인명 구조 활동과 교통관리, 그리고 초동 화재 진압에도 우선 달려간다. 거대한 불길이 날아다니며 삼킬 듯이 덤벼드는 대형 산불의 현장에는 경찰도 위험을 감내하며 주민의 안전을 지킨다.

안전과 안심의 확보, 생명과 재산을 지키는 것이 경찰의 기본 책무이기 때문에 지자체, 소방, 산림청, 국립공원과 긴밀한 협력 체제를 강구 하고 있다.

오늘도 건조한 날씨, 푸른 하늘아래 따뜻한 봄빛, 평안과 행복을 위협하는 산불을 다시 생각해 보아야 하지 않을까?

천안함 폭침 3주년, 어찌 잊을 수 있으랴

생명이 움트는 봄이다. 3월은 March 라 하여 행진하며 앞으로 나아가며 새로운 출발을 뜻한다. 결혼식 웨딩마취처럼 인생의 새 출발을 다짐하며 세상 속으로 힘차게 행진하는 것을 뜻한다. 산수유가 노랗게 피었다. 목련도 하얀 망울로 세상을 향해 손짓하고 하얀 벚꽃이 피려한다.

새 학기가 시작되고 각급 학교의 입학식, 행정복합도시 건설현장에는 부쩍 공사 진척이 속도를 내며 대형 차량들이 질주한다. 밤이 되면 봄을 즐기려는 학생, 근로자, 청소년들이 시내를 누빈다. 매년 3월과 4월이 시작되면 치안수요가 증가한다.

겨우내 움추러 들었던 일상의 활동이 증가하고 유동량이 많아질수록 치안은 불안해 질 수 있다.

엊그제만 해도 노상에서 강도사건과 유원지에서 살인미수사건, 심야 교통 사망사고와 정부청사 앞의 집회 등 각종 사건, 사고들이 밤 근무 직원들을 고단하게 한다.

2010년 3월 26일, 북한의 어뢰공격에 의해 천안함 772함이 피격되는 사건이 일어났다.

104명 승조원중에 46용사들은 돌아올 수 없는 길로 영원히 떠났다.

내일이면 3월 26일, 천안함 피격 3주기를 맞는다. 나라를 지키다가 순국하신 고귀한 호국영령들을 추모한다.

천안함 피격사건 3주기를 맞아 오전 10시부터 국립대전현충원에서는 국가보훈처 주관으로 추모식을 거행한다. 서해 백령도 현지에서는 위령탑 참배 및 해상위령제가 진행되며, 동료를 구조하기 위해 차가운 바닷물에서 순직한 고(故) 한주호 상 시 상식등, 추모행사가 진해에서 열린다.

천안함 피격 사건으로부터 3년이란 시간이 흘렀다.

하지만 만행을 저지른 북한은, 연평도를 포격하여 이 땅을 유린하고, 천안함 사건을 자작극이라고 선전하였다. 연일 핵무기 개발, 미사일발사 등 전 세계의 평화를 위협하고 있다.

유엔 안보리의 제재와 한 · 미 간 '키 리졸브 훈련' 에 북한은 연일 폭언을 쏟아내며 정전 협정 백지화와 북한내 공습경보 발령등 긴장을 고조 시키고 있다.

주요 방송국과 금융기관이 북한의 소행으로 추정되는 해킹으로 마비되는 등, 연일 핵공격등을 공언하며 한반도의 긴장을 높이고 있다. 어찌 핵을 머리위에 이고 잠을 잘 수 있겠는가? 북한에 우호적이던 중국도 원유공급을 중단하고 대북제재를 위한 국제 공조에 함께 하고 있다. 국제적 고립과 불안정, 호전적이고 체제를 공고히 하려는 김정은과 북한 군부의 오판이 국지전이나 한반도 전쟁의 불안을 키우고 있다.

급변하는 국제 정세와 북한의 도발에도 국민들은 의연하게 일상에 충실한 것 같다. 환율, 금융시장이 안정되고 사재기나 전쟁 불안 심리는 없어 보인다. 다행한 일이기는 하지만 오랫동안 쌓인 안보 불감증은 아닌지 걱정 된다.

평화를 지키려면 피와 땀의 희생이 따른다. 자유와 평화는 거져 주어지는 것은 아니다.

천안함 피격 사건 3주기인 올해는 추모행사에 대한 관심과 열기가 예전 같지 않다는 이야기도 들려와 안타까움을 느끼게 된다. 천안함 용사들이 목숨을 잃어가며 나라를 지킨 숭고한 희생이 점점 잊혀져 가고 있는 것인지 걱정이 든다.

세종경찰서에서는 일주일 전부터 천안함 추모 사진전과 추모시를 모아 현관에 게시하고 전직원들과 찾아오는 시민들이 돌아 볼 수 있도록 했다.

전 직원과 더불어 추모 묵념행사도 갖고 어느 때 보다도 경건하고 추모 분위기 속에서 완벽한 치안에 전념 하고자 하였다.

각급 보훈 단체와 보훈청에서도 추모 사진전과 함께 학생과 시민들의 마음을 하나로 모으는 추모의 메시지 전하기가 계속되고 있다. 대전시민 추모마라톤대회와 초 · 중 · 고교 및 기관 · 단체, 기업체 등에서도 추모의 영상헌시 감상 및 추모의 댓글전하기가 진행되고 있다.

결코 잊지 말아야 한다. 천안함 피격 3주기는 굳건한 안보의식의 교육장이 되어야 한다.

천안함이 피격된 그해 12월에 백령도 현장을 방문할 기회가 있었다. 따오기가 날개짓을 한다는 섬, 심청전의 전설이 깃든 섬, 서해의 해금강이라 불리는 두무진등 절경 사이로 백령도 남서쪽 해안을 순항하던 천안함은 어뢰공격으로 두동강이 났다. 이렇게 평화로운 섬, 백령도, 서해 5도를 지키다가 용사들은 순국하였다.

이토록 아름다운 금수강산 대한민국을 파괴하고 자유 민주주의를 전복시키려는 북한체제에 맞서 안보의식을 한층 공고히 해야 하지 않을까?

평택 2함대 사령부에 전시되어 있는 천안함의 처참한 잔해는 대한민국, 내나라, 온 국민의 굳건한 안보의식이 절실하다고 말하고 있는 듯하다.

서대전 광장이 열리면
새 모이 가득 싣고
비둘기 친구 되는 할멈 있소
하얀 밤길
새벽 기다리며
한줄기 빛 따라 왔소
지네들 애비 죽고 과부소리
애들 바라 복 바친 50년,
악착같이 벌어 모은 전 재산
대학 보내줘, 집사줘
이젠 키운 아이들 복채로 다 주었소

'광장할멈' 시 중에서

가슴 뜨거운 시인의 삶 속에 피어나는 아름다운 휴머니즘 수필문장

김우영 (작가, 계간 문예마을 발행인)

몇 년 전 이 맘 때의 일이다.

따스한 개나리 내음의 봄이 시나브로 다가오고, 푸르른 녹색 주단으로 세상을 색칠하고 있었다. 우연히 충남도청 앞 식당에서 '수석 심은석' 시인과 함께 파릇한 푸성귀로 소담스런 식사를 했다.

이 자리에서 수석과 시와 시인 그리고 그 주변의 현황들에 대하여 광범위하게 이야기를 나누었다. 당시 수석은 충남지방경찰청에 근무를 하고 있었다. 첫 인상이 경찰관 같이 보이지 않은 차분하며 깔끔한 선비의 모습이었다. 사람은 누구나 첫 인상이 그 사람의 인식을 좌 우 한다더니 수석 시인에게 첫 점수를 많이 주게 되었다.

당시 시인 후보이던 수석은 알고 보니 학창시절부터 문학에 심취하여 많은 독서를 비롯하여 습작의 시와 수필을 써 오고 있었다. 그리고 바쁘다는 경찰관이라는 특수한 직장생활에서도 수석은 문학적(文學的) 시혼(詩魂) 에스프리(Esprit)끈을 놓치 않고 꾸준히 연마하고 있었다.

이런 일련과 인문학적인 수련을 통하여 심신을 다져온 수석이기에 외모와 마음이 선하고 깔끔하여 온화할 것이다.

'겨울이 오면, 봄도 멀지 않으리' 라는 시를 써 유명한 영국의 시인 '셸리' (Shelley)는 시와 시인에 대하여 이렇게 말 하였다.

"시는 가장 행복하고 가장 선한 마음의, 가장 선하고 가장 행복한 순간의 기록이다."

수석 시인의 향리(鄕里)충남 공주의 선배 시인 나태주 선생은 이렇게 그를 평가하고 있다.

> "심은석 시인의 시 에서는 전혀 경찰관 냄새가 나지 않는다. 오히려 선량한 소시민의 눈초리가 들어있고 평범한 생활인의 모습이 보였다. 물론 경찰업무와 관련된 글이 없지 않을 것은 아니다. 그런데도 전혀 군림한다든가 억지를 쓰는 그런 분위기가 보이지 없다. 놀랍다고 할까! 감사하다고 할까! 이 땅에 이런 경찰관이 있다는 것은 우리 모두의 축복이요, 행운이다. 경찰에 대한 기존관념을 싹 씻고도 남음이 있다."

수석이라는 아호를 가진 그와 몇 년 전부터 만남이 시작되었다. 수석 시인은 직장에서 총경으로 승진을 하여 대전지방경찰청을 경유하여 현재 고향 인근 세종경찰서 초대 서장으로 부임하여 시심(詩心)으로 시민(市民)의 안전을 살피며 근무중이다.

그간 오래 전부터 습작을 통하여 연마를 거듭한 끝에 문학적 역량을 발휘하여 경사를 이룬다. 2010년 계간 문예마을 구인환 서울대 교수님의 추천으로 신인상을 수상하며 한국문단에 등단하는 쾌거를 이룩하였다. 이어 서울 한국국보문학과 인연이 되어 첫 시집 '햇살 같은 경찰의 꿈'을 상재하기에 이르렀고, 한국문학신문에 정기적으로 좋은 글을 올려 전국적인 독자를 확보한 인지도가 높은 시인으로 평가를 받고 있다.

◆가슴 뜨거운 시인의 삶, 충청도 선비정신 묻어나는 수석 시인

아래의 글은 김민영 기자의 기사 일부이다.

"세종시 경찰서 초대 경찰서장으로 부임하고 '햇살 같은 경찰의 꿈'이란 시집을 낸 심은석 서장. 청소년 시기부터 심은석 서장의 가슴을 뛰게 한 게 있었다. 시를 쓰는 일이 그렇다. 토요문학이란 동아리 활동을 통해 그는 습작을 했고 경찰대 문학동아리에서도 시를 썼다. 40대 중반이 되어서는 삶 속에서 인생을 돌아보며 본격적인 시작(詩作)을 했다. 특별히 시를 배운 적도 없는 그는 경찰관이란 특수한 직업으로 현장에 점철된 갈등과 인간의 문제들을 시로 승화시켰다. 프랑스 국민들이 어떤 직업을 지녔더라도 마지막은 시인이 되고자 열망하는 것처럼, 그에게 시는 즐거움이요 여유와 삶의 존재이유인 것이다. 그는 어릴 적부터 손으로 모를 심고 모내기를 했다. 볏짚으로 가마니를 만들기 위해 온 가족이 달려들어야 할 정도로 가난했다. 소꼴을 베고 추수하고 감도 따고, 누에도 키우고, 참외농사, 수박농사를 하며 청소년 시절을 보냈다. 김치와 멸치볶음이 담긴 도시락 두 개를 들고 다니며 아침 7시부터 밤 11시까지 배도 고프고 가난하게 공부했다. 그런 가난과 어려움이 오히려 자신을 강하게 만들었고 경찰대학을 들어가서는 더욱 심성이 강인해졌다고 심은석 서장은 말한다."(中略)

수석 시인의 시집 『햇살 같은 경찰의 꿈』에서 서평을 한 피기춘 시인은 같은 동료경찰관 입장에서 남 달리 고매한 인품을 흠모하고 있다.

'사랑은 평생 익어가는 과일이다.' 이라며 12만 세종시민을 사랑하기 위하여 평생 치안의 파수꾼으로 헌신봉사 할 세종경찰서가 드디어 희망의 종을 울렸다. 유년시절부터 자연과 문화가 아름다운 고장 공주에서 심은석 총경은 고향 인근지역 세종경찰서 초대서장으로 부임하고 공직생활 25년의 세월 속에 조용한 창작활동을 통하여 시를 시집을 상재한 일은 축하 할 일이다. '경찰과 시인!' 이라는 아름다운 단어도 드물 일이다. 경찰공무원 중에서도 가장 바쁜 자리가 어쩌면 일선의 경찰서장이다. 이 같은 열악한 환경과 여건 속에서 자신의 문학적 재능을 계발하고 더욱 찬연한 문학의 꽃을 피워가는 심은석 시인은 공직자의 소명의식을 감동적이다."

수석 시인은 자신의 시집 '햇살 같은 경찰의 꿈'에서 스스로 이렇게 말하고 있다.

"푸름이 짙어가는 성하(盛夏)의 계절에 '세상의 으뜸'이라는 뜻을 가진 세종 특별자치시가 출범하면서 연기경찰도 한국 경찰사에 또 하나의 획을 그으며, 세종경찰로 새로운 항해를 위한 닻을 올렸다. 너무 부끄러워하면서 조심스럽게 따뜻한 감성적 언어로 나름대로 분망한 삶의 시간대를 건너며 꺼내지 못하던 시 몇 편을 세상에 보이도록 주변에서 용기를 주었다. 사람은 시심이 있다. 여기 평범한 삶의 현장이 시라는 부끄러움을 반성하면서도, '이 땅의 가장 완벽한 알파벳' 아름다운 모국어인 한글로 표현하는 차이가 있을 뿐 착한 인간 본성이 있음으로 누구든지 가슴 따뜻한 시인이라 한다. 노만 핀센트 필의 지적처럼 '시적 치유(healing)'의 교시(教示)처럼 나쁜 생각도 시를 읽으면 착해진다는데 유치장에 강력팀 사무실과 지구대, 파출소에도 시집을 비치하여 나쁜 생각을 가진 분이 있다면 착한 시를 들려주련다. 항시상 범죄와 사고를 벗하는 고단한 경찰관의 삶속에도 따듯한 시어가 힘이 되었으면 한다. 여기 평이하고 쉬운 시어(詩語)에서 잠시 위안 받으시고 시인되시기를 소망하며, 지금보다는 한발 더 디디며, 아직 살피지 못한 아픈 분들의 눈물을 닦아드리련다. 모든 소중한 분들의 길이 되는 생명의 풀꽃에 쏟아지는 밝은 햇살 같은 경찰의 꿈을 그렇게 날마다 꿈꾸고 싶다."

◆ 평범함속에 진솔하게 피어나는 아름다운 휴머니즘의 수필문장

수석 시인의 수필을 보면서 문득 독일의 시인 '괴테'의 말이 생각이 났다.

"내가 시를 만든 것이 아니다. 시가 나를 만든 것이다."

수석 시인의 수필집 제1장 '사람 사는 이야기' 서두에서 '위험수당 월 5만원 경찰관 이야기, 故 김종익 경위를 추모하며'를 감상해보자. 평범함 속에 진솔하게 피어나는 아름다운 휴머니즘 수필문장임을 알 수 있다.

"며칠 전 혼신을 다해 근무하던 꽃다운 젊은 경찰관이 교통 순찰 근무 중에 도로상에서 마주오던 대형 화물차에 추돌하여 현장에서 순직하였다. 아산경찰서 고 김종익 경위의 영결식이 경찰서 앞마당에서 하늘도 애통한 듯 굵은 빗줄기 한가운데서 있었다. 영결식장에서 장례위원장인 충남지방경찰청장은 왜 대답이 없느냐고 조사를 하면서 내내 오열하고 흐느꼈다. 저토록 부하직원을 사랑하시는 애통함을 눈물로 말씀하셨다. 어머님이 돌아가셨을 때도 눈물 한 번 제대로 울지 못했던 나도 당신의 고통과 안타까운 사연 앞에는 눈물이 흘렀다. 풍요로운 가을인데 허전하다. 동료 경찰관의 빈자리가 허전하고 내가 25년간 봉직한 경찰관으로서의 날들과 처와 처남, 동서와 같이 경찰관으로서 제복을 입었던 날들이 허전하다. 과연 한국은 경찰, 소방관처럼 제복을 입는 사람들에 대한 신뢰와 존경지수가 얼마나 될까? 정부청사 주변 공사현장의 과속 덤프, 레미콘 차량들 사이에서 운행하는 교통순찰차들이 너무 위태롭게 보인다. 제발 사건 사고 없기를, 이제 영면하신 고 김종익 경위를 추모하고 명복을 빈다."(中略)

아, 얼마나 애절하고 가슴 아픈 사연인가! 사회의 치안과 국민의 안전하게 지켜주는 동료 햇살 같은 경찰관을 사고로 보내고 느낀 단상을 눈물로 그려내듯 애통해하며 괴로워한다. 시인은 눈물이 많다고 한다. 다른 사람이 흘린 눈물하고 시인이 흐른 눈물은 다르다. 시인은 진솔한 가슴으로 울기에 그렇다.

2013년 현재 우리나라에 이주하여 온 다문화 가정이 120만 명이 넘는다고 한다. 세종시에도 예외없이 다문화 가정이 살아가고 있는 수석 시인은 에 대하여 남 다른 눈빛으로 바라보며 도와주고 있다. 아래는 '다문화 가정, 결혼 이주 여성은 우리의 진정한 친구'라는 수필문장이다.

"들 꽃밭에 서 있으면 한 군락의 풀 꽃밭에는 다른 종의 잡풀이 좀처럼 끼어들지 못하는 신기한 현상을 발견하게 된다. 각자의 영역 속에 군락을 이루고 외래종을 받아들이지 않는 배타성이 있다. 같은 종끼리의 단일한 군집과 강인한 생명력을 서로가 뽐내고 있었다. 들 풀 같은 배타성이 인간사회에도 존재 하는 것은 아닐까? 세종경찰서에서는 지난 6월 15일 다문화가정 외국인 10여 명을 초청해서 간담회를 가졌다. 캄포디아에서 오신 체구가 작은 결혼 이주 여성이 대화를 하던 중에 펑펑 눈물을 쏟아 행사장에는 오래도록 긴장과 숙연함이 가득 하였다. 이어서 계속된 베트남, 태국, 필리핀 등 나름대로 각국을 대표하는 이주 여성인데 발언 도중에 복받쳐 흐느끼는 것이 너무 마음을 안타깝게 하였다. 경제적인 어려움과 남편의 무관심과 술을 먹으면 폭행과 시어머니의 멸시와 천대, 그리고 하루 종일 농사일을 한다고 하면서 이곳 한국에 일하러 온 것인지 행복한 삶을 찾아 온 것인지 후회한다는 말도 했다. 지역사회의 따돌림과 편견, 가정폭력이 일상화된 다문화가정이 있다면 경찰이 적극 나서겠다. 다문화 가정, 이주여성들의 국내 정착 지원에 적극 나서고 운전면허 취득, 자녀 돌보기, 법률상담, 가정폭력 등 가정 문제에도 적극 관심을 갖고 실천할 것이다. 따뜻하고 더불어 사는 사회, 국적과 피부색, 장애에 따라 편견이나 차별이 없는 사회, 사람의 생명과 사람의 가치가 최고로 존중되며 인권과 인간의 존엄이 강물처럼 도도히 흐르는 대한민국을 그려본다." (中略)

수석 시인은 문장을 잘 풀어가는 재치가 있다. 꽃밭의 잡풀과 우리나라 민족의 배타적인 문제를 이분논법(二分論法)으로 풀어가며 대비시켜 수필문장의 작의(作意)를 살려내고 있다. 이렇게 하나 하나의 사항을 연구하고 실험하여 그로부터 공통된 점을 추출하여 하나의 인식에 도달하는 경험주인 문장전개 방식을 수필문학의 귀납적 방법(歸納的 方法)이라고 한다.

이제 세계는 글로벌 다문화시대이다. 요즘의 우리나라 다문화 가정을 코시안(Kosian)이라고 한다. 즉, 이 말은 한국인과 아시아인 사이에서 태어난 2세 또는 아시아 이주 노동자의 자녀를 일컫는 말이다. 1996년 경기도 안산시 외국인노동자센터에서 처음 사용한 용어로, 한국인(Korean)과 아시아인(Asian)의 합성어이다.

그의 말처럼 따뜻하고 더불어 사는 한국 사회, 국적과 피부색, 장애에 따라 편견이나 차별이 없는 우리 사회, 사람의 생명과 사람의 가치가 최고로 존중되며 인권과 인간의 존엄이 강물처럼 도도히 흐르는 대한민국을 우리는 그려보자.

현재 수석 시인은 직무상 당연하기도 하겠지만 남 다른 국가관과 건강한 사회봉사 정신이 깃들어 있는 햇살 같은 경찰관이다. 그의 수필 '치안인프라는 비용이 아니고 안전한 사회를 위한 투자'라는 수필을 감상해보자.

"지역 치안 현안에 대한 무한책임을 지고 있는 경찰서장으로 제발 우리 지역에는 사건 사고 없이 편안하게 이 밤이 지나나기를 날마다 기도하는 심정이며, 잠들기 전 마음속에 다짐하길 반복하고 있다. 여학생이 집을 나가 아직 오지 않습니다. 죽어 버린다는 문자를 남기고 남편이 연락이 안됩니다. 치매있는 어머니를 찾아주세요. 부도난 업체에서 임금을 못 받았어요, 옆집 개가 짖어 잠을 못잡니다. 술값 안내니 받아 주세요? 매일 밤마다 평균50여건의 각종 민원과 문제해결을 원하는 주민들의 요구사항을 해결해야 한다. 묻지마 범죄예방에 전력을 다해도 부족한데 생활민원, 갈등과 문제의 해결에도 최선을 다해야 한다. 날마다 노심초사 덕분인지 이 지역은 편안하게 치안이 유지되고 있다. 증가하는 세종시 인구 13만명에 건설근로자, 대학생 등 유동인구 5만명, 편입지역에 대한 치안요구는 봇물인데, 세종경찰은 연기경찰서 인원에다 20명 증원 되었다. 편입지역 파출소 배치인원만이 증가된 인원이다. 집단민원, 갈등으로 인한 시위의 현장이 발생하면 원래 본인의 임무 수행에도 바쁜 직원들을 동원할 때마다, 강력사건이 발생할 때마다 긴급배치, 비상소집을 할 때마다 마음이 아프다. 아침이면 또 다른 하루를 근무해야 하는데, 좀 쉬어야 할 텐데, 가정에서 아이들 숙제라도 보아 주어야 할 텐데, 미안한 마음이다. 서장이라는 중압감이기도 하지만 24시간 관내 위치하며 모든 긴급상황에 대비한다. 고등학교 3짜리 아들이 막바지 수능시험에 열중인데 제대로 응원한번 해 주지 못하고 있다. 치안 인프라는 비용이 아니다. 사회안전망이라는 사회자본이다. 안전한 사회, 살기좋은 도시, 방문하고 싶은 도시, 행복한 도시의 바탕에는 안전함이 있다. 제발 오늘밤에도 편안하고 사건 사고 없기를 경찰서 옆에 있는 관사 앞에 새벽 가로등 불빛에 흔들리는 나뭇 잎새에도 깜짝 놀랄 때가 있다."(中略)

수석 시인은 충청도 양반의 원조격인 공주에서 태어나 자란 성품이 온화하며 인정이 많은 분이다. 자신과 함께 근무하는 직원들의 격무와 노고에 대하여 가슴 아파한다. 마치 내 자식이 고생을 하는 것 인양 말이다. 자신도 슬하에 고등학교 3학년짜리 학생이 있으면서 제대로 보살펴주지 못하고 있다. 아니 슬하에 자식은 다음의 문제이다. 함께 사는 세종시민과 세종경찰서 직원들의 안위가 우선일 만큼 공과 사를 구분하는 분이다.

또한 뚜렷한 국가관과 건강한 사회정신이 19세 경찰에 입문하면서부터 시작하여 30여년 가까이 오늘에 이르고 있다. 사회가 건강해야 나라가 부강하고 그래야 70억명 전 인류가 행복하다고 믿는 사람이 바로 가슴 뜨거운 삶을 살아가는 햇살 같은 경찰관 심은석 시인이다.

측은지심과 사랑 가득한 수석 시인의 글을 보면서 '오스카 와일드' 시인의 말이 생각이 난다.

> "그 속에 한 조각의 애처로움도 없는 시는 씌어지지 않는 편이 낫다."

수석 시인에게도 그리운 어머니가 계신다. 그의 수필 '편지(8)' 에 보면 애틋하게 그리는 사모곡(思母曲)을 들어보자.

> "그리운 엄니에게 드리는 편지! 5월 어버이날을 앞두고, 공주에 있는 어느 노인 전문병원에 홀로 계신 어머니를 찾아뵈었다. 벌써 8년째, 병상에 계신 어머니는 표정없는 눈동자에 가냘픈 손가락, 근육이라곤 찾을 수 없는 넓적다리를 이불에 숨기고, 창밖에 날아다니는 노랑나비를 쫓아가고 있었다. 올해 82세, 오랜 병상생활이지만 그래도 날마다 맞이하는 아침 햇살이 반갑다고 하시며 새벽이면 일찍 일어나신다고 하신다. 지난번 찾아 뵈 올 때는 나를 조금은 알아보시던데, 이젠 알아보시지도 못하신다. 누구냐고 자꾸 묻는 당신의 눈망울을 피할 수 없어 뒤돌아 서 서 눈물

지었다. 한 평생을 농사일만 하시다가 내가 이만큼 커 버리자 처음에는 온 몸이 아프시다고 병원에 입원하셨다. 그리고 결국 치매로 더욱 악화 되셨다. 기약없는 병상일기, 아마 병원에서 퇴원하시기는 어렵다고 하신다. 언젠가 닥쳐올 이세상의 마지막 소풍을 병상에서 지내시려나 보다. 1주일에 한 번 뿐인 병원 방문이지만 돌아 올 때면 찡하니 마음이 무겁다. 안타까움이 한없는 눈물과 범벅이 된다. 산다는 것은 다 이런 것인가? 어디서 나서 어디로 가는지 모르는 우리네 삶에서 우리 엄마는 온통 생의 마지막을 병원에서 보내신다. 방문하던 그날도 산 밑에 있는 노인병원 정원에 다 그러하신 노인분들 100여명이 무표정하게 앉아 계신다. 멍한 눈동자, 흐느적거리는 손짓, 발짓, 뼈마디가 앙상한 애처로운 당신의 모습들이 가슴 아프게 한다. 내가 어린시절 살던 동네는 면소재지에서 4km 떨어져 있는 시골 마을이다. 닷새에 한 번 열리는 시골 장터에 어머님이 가는 날이면 나는 이제나 저제나 엄마 오실 때만을 기다렸다. 그 긴 지루함은 기다림으로 승화된지 오래다. 장터로 나있는 언덕길, 찬바람을 피할 수 있는 둔덕이 나의 놀이터였다. 장에서 돌아오시는 어머니의 보따리에는 눈깔사탕도 있고 뻥티기도 있고 약과, 강정도 있었다. 그 달콤한 맛에 시큰거리는 입을 앙 다물고 한나절을 서성인 적도 있다."
(中略)

충남 공주시내에서 고등하교 다닐 때 자취를 하면서 밥도 해먹고 반찬도 해보고 연탄도 갈아보면서 날마다 일싱의 힘든 하루를 보내던 날 이었단다. 그런데 종종 연락도 없이 불쑥 찾아

오신 어머니의 보따리에는 여러 가지 밑반찬과 갓 묻힌 겉절이, 김치, 그렇게 내 고등학교 시절 3년을 지켜 주셨다는 어머니가 팔순의 노구로 노인요양병원에 치매로 입원해 계셨다. 바쁜 직장생활로 어쩌다 가보는 어머니 희끗한 머리, 자식도 몰라보는 허멀건한 야윈 모습의 어머니를 뒤로하고 눈물을 찍어내는 수석 심은석 시인도 역시 이 시대 보통의 자식이요, 생활인이다.

이러한 아픔과 고뇌의 사색행군(思索行軍)에서 한 편의 감동어린 수필작품의 출연은 그를 시인으로, 작가로 탄생시켰다. 2010년 수석 시인은 계간 문예마을을 통하여 시인으로 추천한 한국문학의 대춘부(待春賦) 서울대학교 구인환 교수는 그의 문장을 이렇게 칭찬하였다.

"수석 심은석 시인의 간결하며 살가운 글을 감상해보자. 글의 내재율 속에 애달프며 가지런한 삶의 언어들이 생경하게 퍼득이고 있는 타고난 재주꾼이다."

아래는 이번 수필집 말미에 소개한 시 편 들이다.

어머님
내가 어두운 밤에 두렵지 않고
다른 사람이 가지 않는 곳에 갈 수 있는 용기와
이웃을 지키는 강한 육체와

모든 분들을 진정으로 섬기는 마음과
내 소명을 다하는 희생을 실천하여 아픈 이웃의 편안한 친구로
나를 필요로 하는 사람들에게 안심과 행복 주시고
항상 국민들이 믿고 의지하는 경찰 되게 하소서

'어느 경찰관의 고백' 시 全文

서대전 광장이 열리면
새 모이 가득 싣고
비둘기 친구 되는 할멈 있소
하얀 밤길
새벽 기다리며
한줄기 빛 따라 왔소
지네들 애비 죽고 과부소리
애들 바라 복 바친 50년,
악착같이 벌어 모은 전 재산
대학 보내줘, 집사줘
이젠 키운 아이들 복채로 다 주었소
미국 사는 큰애 전화,
서울 둘째 다녀 간지,
부산 셋 째 소식 끊긴 4년 되었소
어제, 동사무소, 박서기가
배날한 쌀 한 포, 밀기루
그것이 달랑 한달 재산,

하지만 새벽마다 비둘기 모이는 아깝잖소
오늘도 광장에 서면
세월의 주름이
진물처럼 허연 머리,
구부린 허리위에
비둘기 떼는 수천,
가진 것 없는 광장할멈, 그리 많은 친구
가난하지만 복이 있소
작은 미물도
은혜는 넘치는데
메마른 우리네는
왜 그리 모질까요.

'광장할멈' 시 全文

태초(太初)에 하늘이 열리고
혼돈의 이 땅에
부패와 변종(變種)을 지키며
억 만 년 동안 생명을 지킨
벌이 화석이 되어
우리에게 나타났습니다.

의학의 아버지 히포크라테스
벌집은 세상의 명약(名藥)이라 했지만

대전의 바이오 연구회 작은 사람들이
아픈 사람, 낫게 하고
세상살이 행복 주는
그 귀한 약(藥), 오묘한 생명,
프로폴리스라 하여
세상에 첫선을 보였습니다.
아름다운 자연 담은
깨끗한 벌집 속에는
부패한 세상을 지키며
인간세상의 더러운 피를
달콤한 꿀물로 퍼 나르는
예쁜 풀꽃
벌들의 잔치 있습니다.

서울 프로 폴리스 23년
오직 한 곳에서
아무도 돌아보지 않던 척박한 이 땅에서
오직 사람과 자연에 대한 사랑으로
때 묻지 않은 순결한 약 찾아 낸
여기 이분들은
진정한 과학자
열정의 의학자
불로장생의 꿈이라도 갈망하던
진정한 이 땅의 선지자.

'편지(5)서울 프로 폴리스 창립 기념일에 보낸 편지' 시 全文

먼저 '어느 경찰관의 고백' 이란 시를 보자. '내가 어두운 밤에 두렵지 않고/ 다른 사람이 가지 않는 곳에 갈 수 있는 용기와/ 이웃을 지키는 강한 육체와/(中略)

고루한 언어의 나열, 생경한 시어(詩語)의 나열 속에 간결하며 소망의 빛이 내재된 국민행복 기원의 시이다. 이 처럼 그는 가슴 따스한 휴머니스트(Humanist)가 아닐 수 없다.

두 번째 시는 2010년 무명의 수석 시인을 일약 기성 시인으로 등단시킨 쾌거의 수작(秀作) '광장할멈' 이란 시이다. 위 시를 보면서 저 유명한 '아널드' 시인의 어록이 생각이 난다.

"시는 오직 사물을 표현하는 가장 아름답고 인상적인 슬기롭고도 효율적인 방법이다. 그러므로 그것은 매우 중요하다."

대전의 명소 서대전공원을 주제로 비둘기와 할멈이 등장하고, 지네들 애비 죽고 과부소리, 동사무소, 박서기가 등장하는 가진 것 없는 광장할멈의 시어 차용에서 우리네의 질팍한 삶이 보인다. 아픔과 고뇌의 차원을 넘어 환희라는 치환(置換)의 미학(美學)속에서 수석의 삶의 투혼과 시 정신을 읽을 수 있다. 또한 '광장할멈' 의 시 속에 인간 내면의 감정이 솟고, 품성이 맑아지면서 언어가 세련되어 물정에 통달한다는 느낌이 든다.

나머지 시 '편지(5)' '서울 프로 폴리스 창립 기념일에 보낸 편지' 라는 소제목의 시를 살펴보자.

'태초(太初)에 하늘이 열리고/ 혼돈의 이 땅에/ 부패와 변종(變種)을 지키며/ 억 만 년 동안 생명을 지킨/ 벌이 화석이 되어/ 우리에게 나타났습니다. (中略) 의학의 아버지 히포크라테스/ 벌집은 세상의 명약(名藥)이라 했지만/ 대전의 바이오 연구회 작은 사람들이/ (中略) 서울 프로 폴리스 23년/ 오직 한 곳에서/ 아무도 돌아보지 않던 척박한 이 땅에서/ 오직 사람과 자연에 대한 사랑으로/ 때 묻지 않은 순결한 약 찾아 낸/ 여기 이 분들은/ 진정한 과학자/ 열정의 의학자/ 불로장생의 꿈이라도 갈망하던/ 진정한 이 땅의 선지자.//

이 시는 서울 프로 폴리스 창립 기념일에 보낸 편지형식의 목적이다. 우리의 생명과 명약. 진정한 의학자, 불로장생을 꿈 꾸고 있다.

수석 시인은 삶의 현장에서 체험한 생각과 느낌을 상상을 통해 율문적인 언어(言語)로 압축 형상화(形象化)하는데 창작문학의 양식으로 승화시키고 있다. 이처럼 수석의 시는 예술성과 음악성, 압축성, 주관성, 정서성이 충만하여야 하며 구성요소인 언어의 음악적 요소 리듬(rhythm)과 회화적 요소 이미지(image)로 승화하고 있다.

◆ 나가며

시인 '루이스' 는 그의 저서에서 이렇게 갈파했다.

"시는 그것 자체가 아름다운 일이며, 시를 쓴다거나 감상하는 것은 유쾌한 경험이다."

수석 시인의 수필집을 보면서 시 자체가 아름답고 시를 감상하는 유쾌한 여행을 함께 한 느낌이다. '빅톨 위고'의 말처럼 시란 덕(德)의 표현이다. 훌륭한 정신과 훌륭한 시적 재능은 언제나 떼어놓고 생각할 수 없는 것이다.

곧, 수석 시인의 글은 평범함 속에 진솔하게 피어나는 아름다운 휴머니즘의 수필문장은 그의 마음이고, 그는 곧 글 속에 내존하는 잠재적 인간형이다.

수필을 에세이라고 하는데 이 말은 불란서에서 가봉이라는 뜻이다. 양복을 맞추는 과정에서 목에 잘 되었는지 최종적으로 입어보는 의상디자인 단계이다. 삶의 궤적을 따라 진솔한 이야기를 잘 재단하여 쓰는 사람 그 사람이 바로 시인이며 수필가이다.

수필은 달관과 통찰의 진실에서 인생을 관조하는 것이다. 수필은 원숙한 생활에서 우러나오는 고아한 생활의 표현이며 조화의 미를 잃지 않는 문학이다. 한가한 심경에 따라 마음의 여유에서 솔직한 독백을 통하여 독특한 개성을 가지고 표현하는 산뜻한 글이다. 설탕처럼 달콤하지는 않으나, 언제 먹어도 맛있는 본래 무미(無味)의 흰 쌀밥 같은 지순의 맛, 그것이 바로 삶을 표현한 수필의 맛이다.

하나의 가정과 국가와 국민의 안전을 책임지는 햇살 같은 현직 경찰관. 그리고 살아가며 느끼는 남 다른 단상을 문학이란 광주리에 담았다. 가슴 뜨거운 시인의 삶 속에 피어나는 글에 행여 군더더기가 되지 않았을까 염려가 된다.

부디 건필을 하시어 천의무봉(天衣無縫) 펜의 마법사가 되어 올 곧은 국가관과 건강한 사회에 밑거름이 되는 좋은 글 생산하기를 기원하면서 두서없는 글 접는다.

2013. 춘삼월 호시절에
대한민국 중원땅 문인산방에서 쓰다

오늘의 어록

알려신 우주에는 한 사람의 완전한 연인(戀人)이 있으니,
그는 가장 위대한 시인이다. (휘트먼)

박범신 소설가의 은교(銀交)를 들으며

봄꽃 가득한 산에 오르며

작은 아이의 어린이 날에

봄날의 햇살 가득한 세종경찰서

멈춰요, 어린이가 걸어갑니다.

정월 대보름, 윷놀이, 도 아니면 모

충남경찰청장님과 경찰서 지휘부 화이팅

행복한 어르신, 모두가 함께 합니다.

어르신, 반갑습니다.

KBS, 세종방송 잘 찍어요

계룡산을 좋아하는사람들과 남매탑 앞에서

우리아이 안전, 함께해요

부정 · 불량 식품 근절, 우리가 간다

국보문학 신인 작가상(시) 한국문학신문 대상(수필)

35개 기관, 단체와 나눔문화 협약

4대악 근절과 안전한 세종시를 다짐하며